¿Comprende usted?

Practice in reading and listening comprehension in Spanish

HEATHER LEIGH, M. A.

LUZ MARY RINCÓN (Licenciada en Idiomas)

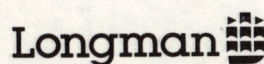

LONGMAN GROUP UK LIMITED
Longman House, Burnt Mill, Harlow, Essex, CM20 2JE, England
and Associated Companies throughout the World.

First published 1990
ISBN 0 582 22344 X

Set in 10/12 Palatino (Linotron)
Produced by Longman Group (FE) Ltd
Printed in Hong Kong

¿Comprende Usted? is accompanied by a tapescript
with answers and a cassette.

IN THE SAME SERIES
Alles Kapiert? by Eileen Holly and Anne Sansome
Comprenez-vous? by Tony Whelpton and Daphne Jenkins

ALSO BY HEATHER LEIGH
Por correo
Conversaciones Situaciones (in collaboration with
Salvador Ortiz-Carboneres)

Acknowledgements
The authors would like to thank María Asunción Boix
Martínez for all her help and advice and for checking the
manuscript.

Contents

Introduction

This book is to help you understand all that is involved in doing comprehension exercises, and it provides a variety of practice tests. In this chapter we shall be considering both reading and listening comprehensions. These tests are different in the demands they make on you, but they are at least asking the same kinds of question. Basically, the exercises are designed to see if you can answer the questions **Who?, When?, Where?, How?, What?** and **Why**?

Try the following Reading Comprehension exercises:

READING
COMPREHENSION
1

Andrés Trueba vive en Madrid. Es médico y tiene familia. Su mujer se llama Teresa y enseña inglés en un colegio cerca de casa. Viven con sus dos hijos en un apartamento muy moderno. Sus hijos se llaman José y Juan. Juan tiene ocho años y José tiene diez años. José asiste a un colegio en el centro de Madrid pero Juan es estudiante en el colegio de su madre. Durante el invierno toda la familia va a las montañas a esquiar. Normalmente va los domingos. A José no le gusta mucho este deporte, prefiere el fútbol.

A 1. Who is José?
2. Who is Teresa's husband?
3. Who likes football?
4. Who attends a school in the centre of Madrid?

B 1. What profession does Mr Trueba have?
2. When does the family go skiing?
3. Where does Juan go to school?
4. How would you describe this family's flat?
5. Why isn't José very enthusiastic about the skiing?

The first four questions all ask the question **Who**? This would be unlikely to happen in an examination piece. You will get a selection of questions such as you have in section B. What is more, this is a very simple piece of prose. You can expect something more complex, such as Reading Comprehension 2.

4

A la mañana siguiente nos vestimos rápidamente y fuimos corriendo por el pasillo hasta el ascensor. Este no funcionaba. Funcionaba pocas veces según nos dijo una pareja que estaba esperando allí con una expresión de disgusto en la cara. El bajar corriendo desde el séptimo piso nos hizo perder unos pocos minutos pero finalmente llegamos a la plaza y miramos cuidadosamente los dos cafés que había allí. En uno de ellos, el más pintoresco, vimos a un soñoliento camarero que parecía muy poco interesado. El otro café estaba animado, y era el lugar de reunión para los hombres de negocios del pueblo. Churros, bizcochos, tazas de café y de chocolate eran servidos rápidamente.

1. Why couldn't this group of young tourists use the hotel lift?
2. Which floor of the hotel were they on?
3. Which meal were they hoping to have?
4. Where were the two cafés mentioned?
5. Describe the waiter in the first café.
6. What kind of person went to the second café?
7. What two drinks were being served?

As you can see, this exercise is more complicated, yet the same type of question is still being asked. Only this time you have to search more for the answer.

Listening comprehension presents different problems. Firstly, it is more a test of memory. You obviously have to listen very carefully, particularly to verb endings. Hearing the piece acted is a great help, but the minute you hear times, dates, numbers, colours, sizes, weights or weather mentioned, you know you must memorise these data accurately. Here are two listening comprehension exercises: on the tape you will hear two short conversations; listen to them carefully, then answer the questions.

1. What does María's friend want to know first?
2. What time is María intending to go home?
3. Why will she be getting home at that time?
4. How is she getting home?
5. Who is going to fetch her?

1. Who is talking to Pablo?
2. Where is he going?
3. What are José and Pablo going to do?
4. When must Pablo come home?
5. What time is the bus for Valencia that they have to catch?

Normally you will not see the text of the listening comprehension exercises (although your teacher will have a copy), but, to make things easier for these first two exercises, you are going to see the text of what you heard on the recording.

LISTENING
COMPREHENSION
1

—¿María, a qué hora vas a volver esta tarde?
—A las ocho y media. Tengo que escribir unas cartas.
—¿Vas a volver en autobús?
—No, mi padre va a buscarme en coche.

LISTENING
COMPREHENSION
2

—Pablo, ¿adónde vas?
—Voy a casa de José, mamá. Vamos a jugar al fútbol.
—Muy bien, pero tienes que volver al mediodía. Tenemos que coger el autobús para Valencia a las dos menos cuarto.

Family and home life

Read the passage carefully, then answer in Spanish the questions that follow.

En la familia Herrera hay ocho personas, sin contar el gato, los dos perros y tres pájaros más, por supuesto. El señor y la señora Herrera sólo tienen dos hijos. Pedro, el menor, adora la música y la pintura y pasa casi todo su tiempo leyendo, mientras que su hermana Patricia prefiere los deportes, las fiestas y la vida alegre. También viven en la casa la madre de la señora Herrera y su suegra, ambas viudas, y dos sobrinos suyos que vinieron a Madrid a aprender el español.

1. ¿Cuántas personas viven en la casa de la familia Herrera?
2. ¿Cuántos animales tienen los Herrera?
3. Aparte de los esposos Herrera y sus hijos, ¿qué otras personas viven en la casa?
4. ¿Cuáles son los tres pasatiempos favoritos de Pedro?
5. ¿Para qué vinieron los sobrinos de la señora Herrera a Madrid?

Teresa es ama de casa. Tiene cuarenta y cinco años. Su marido trabaja en Valencia. Durante el día Teresa cocina, plancha, limpia las ventanas, hace las camas y lava la ropa. Luego va al supermercado. Compra muchas cosas allí. A Teresa no le gustan los quehaceres de la casa. Le gusta más trabajar en el jardín. En su jardín hay flores, arbustos, árboles y legumbres. También le gusta poner plantas en el salón. A la hija de Teresa le gusta jugar en el jardín con su perro. Su perro es negro y blanco.

Answer in Spanish.

1. ¿Cuántos años tiene Teresa?
2. ¿Dónde trabaja su marido?
3. ¿Qué le gusta hacer a Teresa?
4. ¿Adónde va Teresa para comprar cosas?
5. ¿A Teresa le gusta hacer los quehaceres de la casa?
6. ¿Qué hay en el jardín de Teresa?
7. ¿Qué hace la hija de Teresa en el jardín?
8. ¿De qué color es el perro?

¡Gran concurso!

Gane medio millón con la foto de su hijo.

Bases para participar:
Envíe una foto pegando al dorso el boletín de participación.
Para poder concursar, el niño deberá estar sonriendo y tener
una edad máxima de diez años. Si desea recuperar la foto,
envíenos un sobre franqueado a su dirección.

Answer the following questions in English.

1. What do you win?
2. What kind of photo do you send?
3. What is the maximum age for entrants?
4. What do you do if you want the photo back?

Casi todas las familias españolas son parecidas. Pobres o
ricos, pocos o numerosos, los españoles son muy
tradicionalistas en cuanto a la vida en familia se refiere. Los
hijos raramente dejan su casa antes de casarse y cuando lo
hacen siguen siendo muy importantes para sus padres. La
vida en familia se centra alrededor del almuerzo, la principal
comida del día, la cual se sirve entre las dos y las tres de la
tarde.

Actualmente muchos españoles han tenido que dejar su
familia a causa del desempleo; una persona de cada cinco,
por ejemplo, ha abandonado el oeste de España en los últimos
20 años. Algunos han ido a las grandes ciudades o a la región
de la costa en busca de mejores oportunidades de trabajo.
Otros han ido al exterior, principalmente a Francia o a otros
países de habla hispana en Sudamérica. Pero, cerca o lejos,
la familia española sigue estando muy unida.

*After reading this passage carefully, answer the following questions
in English.*

1. What do nearly all Spanish families have in common?
2. Which is the most important meal to a Spanish family?
3. At what time is it served?
4. Why have so many Spaniards moved from home during
   the last twenty years?

LISTENING
COMPREHENSION
1

Listen to the conversation, and then complete the following statements with the most appropriate of the options provided.

1. Angelita ha pasado las vacaciones de Navidad
   a) en casa de sus abuelos.
   b) en casa de su tío.
   c) en casa de sus primos.
   d) en casa de su hermano.

2. El hermano de la amiga de Angelita ha pasado la Navidad
   a) con su abuela.
   b) con su familia.
   c) en los Estados Unidos.
   d) con gripe.

3. Al volver de la misa del gallo la amiga de Angelita
   a) cenó.
   b) se acostó.
   c) abrió los regalos.
   d) fregó los platos.

LISTENING
COMPREHENSION
2

Listen to the two conversations and then say where the speakers are.

1. a) En la cocina.
   b) En el jardín.
   c) En una tienda.
   d) En el cuarto de baño.

2. a) En el campo.
   b) En la floristería.
   c) En el bar.
   d) En el césped.

LISTENING
COMPREHENSION
3

Listen to the conversation and then answer the following questions in English.

1. Why does the man read the notice to his wife?
2. Who is Clara María?
3. What is Clara María going to do soon?
4. On what date will this take place?
5. At what time?
6. How should señor Rodríguez end the announcement?

In a Spanish family

Los miembros de la familia son: Carmela, la madre y cinco niños, Carmen de 10 años de edad, José y Juan de 7 y 6 respectivamente, Dolores de 3, y Alfonso de 2.

¡Qué susto cuando vi la casa! Normalmente la familia vive en un piso en Santiago pero también tienen este verano una casa cerca del mar. Es una casa vieja y fea con una colmena de niños. La hermana de Don José, su esposo y cinco niños viven en la planta baja y nosotros vivimos arriba. Comparto un cuarto con dos chicas. Los niños están siempre muy mimados y son muy revoltosos. Las lecciones de inglés se vuelven cada día más aburridas.

La primera semana fue la primera comunión de los dos niños mayores. En la ceremonia las niñas iban todas vestidas de blanco y los chicos con trajes de marino. Después de la misa hubo churros con chocolate y pasteles.

La semana pasada fuimos a una boda muy interesante. Los novios intercambiaron 10 monedas llamadas arras. Este intercambio significa que el hombre compartirá sus riquezas con la mujer. En la recepción hubo mariscos, pescado frito, tarta nupcial, helados; en realidad hubo comida y vino en abundancia.

Having read this passage carefully, answer the following questions in English.

1. What was the role of the speaker in this Spanish family?
2. Where did the Spanish family normally live?
3. Why didn't the speaker like the house she was in?
4. How were the children dressed for the First Communion service?
5. What happened after the Church service?
6. What traditional custom occurs during a wedding ceremony in Spain?
7. Name three items mentioned on the menu at the wedding reception.

La mejor manera de conocer España y su idioma es vivir por algún tiempo con una familia española. Así conocerás sus costumbres, harás nuevos amigos y tendrás la oportunidad de visitar muchos lugares interesantes. La mejor manera de hacer esto es participando en un intercambio. Esto significa que tú pasarás unas semanas con una familia española y tu familia, a su vez, deberá recibir a algún joven de esa familia. A tu llegada a España notarás que hay muchas diferencias entre este país y el tuyo. Por ejemplo, en la alimentación, el tipo de diversiones, la vida en familia y, sobre todo, el clima.

Read the passage carefully, then answer the following questions in English.

1. What is the best way of getting to know a country and its language?
2. What are some of the aspects that make your country different from Spain?

Read the following passages carefully, then after each one choose one of the four options provided in order to complete the final sentence.

1. Peter Jackson realiza su primer viaje a España. Participa en un intercambio estudiantil. El señor Ruiz, la persona encargada de su alojamiento, va a buscarle al aeropuerto. Cuando finalmente llega, el señor Ruiz le dice:
   a) Espero que tus padres se encuentren bien.
   b) Espero que no te duela la cabeza.
   c) Espero que aprendas a hablar inglés.
   d) Espero que estés muy contento en nuestra casa.

2. Camino a casa de los Ruiz, Peter observa los monumentos de Barcelona, en especial la torre de la Basílica de Tibidabo. El comenta al señor Ruiz:
   a) Es una hermosa playa.
   b) No me gustan los Pirineos.
   c) Hay edificios muy altos en Barcelona.
   d) Fue un viaje muy agradable.

3. Por fin, en casa de los Ruiz, Peter se baja del coche. La señora Ruiz, quien estaba preparando el almuerzo, sale presurosa a su encuentro y le dice:
   a) Preparé un almuerzo especial para ti.
   b) No eres tan listo como pensaba.
   c) Es un placer tenerte con nosotros.
   d) ¡Que tengas buen viaje!

LISTENING COMPREHENSION 1

Listen carefully to the recording, then say whether the following statements are true or false.

1. Churros can be served with honey.
2. Churros are eaten with the evening meal.
3. Angela doesn't like the coffee in Spain.
4. Angela always has eggs and bacon at home in England.

LISTENING COMPREHENSION 2

Listen carefully to what Pilar has to say about herself and then answer the following questions in English.

1. Where is Pontevedra?
2. What does Pilar's father do?
3. Who is Antonio?
4. How old is Antonio?
5. At what time does Pilar get up?
6. What sports does Pilar like?

LISTENING COMPREHENSION 3

Listen to the conversation and then answer the questions in English.

1. When is Carlos going to telephone the Spanish family?
2. What sort of stay has he had in Spain?
3. How has he profited from his stay?
4. When will his Spanish teacher be surprised?
5. What else must Carlos remember to do?

LISTENING COMPREHENSION 4

Listen to the speaker, then answer the questions in English.

1. How long had he been in Malaga?
2. What had the boy been doing there?
3. From which town in Britian does this boy come?
4. Describe his outward journey.
5. What did he have to forget for two months?
6. Name two of the places he went to during his stay in Málaga.

Houses and gardens

—¡Hola, buenas tardes! don Jairo. Pase usted.
—Buenas tardes, don Roberto. ¿Cómo está usted?
—Muy bien, ¿y usted?
—Bien, aunque últimamente he tenido mucho trabajo.
—Claro. Un arquitecto está siempre muy ocupado.
—Es muy bonita su casa.
—Gracias. Siga, se la voy a enseñar. Mire, en la planta baja
está el salón, el comedor, mi despacho, la cocina y el jardín.
Arriba en el primer piso, están los dormitorios y el cuarto de
baño.
—¡Oh! Este es el vestíbulo. Es muy acogedor.
—Sí, mi esposa suele tomar el té aquí. ¿Tomará un té?
—Gracias, me gusta mucho tomar una taza de té por la tarde.
—Bueno, en seguida lo traigo.

*Read the dialogue carefully and then say whether the statements
which follow are true or false.*

1. Don Roberto es profesor de idiomas.
2. Don Jairo vive en un piso.
3. Los dormitorios y el cuarto de baño se encuentran en el
   primer piso.
4. La mujer de don Jairo suele tomar el té en la cocina.
5. Don Roberto prefiere tomar una taza de té por la mañana.
6. La casa de don Jairo tiene un jardín.
7. Don Roberto y don Jairo van a tomar una taza de café.

REFORZADO
NUEVOBLANCO

Con lavadora
Use tres vasitos llenos de NUEVOBLANCO para una colada
normal. Si la ropa está muy sucia o el agua es gorda o dura
agregue más NUEVOBLANCO.

A mano
Ponga una cucharada sopera de NUEVOBLANCO por cada
litro de agua.

Disuelva siempre completamente el producto en el agua antes
de meter la ropa.

1. How much soap powder do you need in the washing
   machine for a normal wash?
2. When should you add more powder?
3. How much powder do you need for a hand wash?

CREAMOS HOGAR

El mundo de la calidad. El mundo de El Corte Inglés. Lo primero y lo último para su hogar. Los nuevos y exclusivos modelos de muebles y lámparas, las tapicerías coordinadas a juego, la confección de cortinas y visillos, la moqueta . . . todo a punto y perfectamente instalado, en la fecha convenida. El mundo de la comodidad en el ambiente que su hogar se merece. Y la garantía de todo lo que compre. Porque El Corte Inglés crea hogar, confíe su hogar El Corte Inglés.

Esta es su casa. El Corte Inglés

1. What is EL Corte Inglés trying to sell here?
2. What two other offers does it make?

Listen to the conversation, then answer the following questions.

1. How far is the villa from the sea?
2. What does the bathroom contain?
3. Where are the bedrooms?
4. How many beds are there altogether?
5. What kind of cooker is there?
6. Give two items of equipment to be found in the kitchen.
7. Describe the sitting room.

Listen to the conversation, then say whether the following statements are true or false.

1. Enrique shares his bedroom with his brother.
2. Enrique doesn't like the same kind of music as his brother.
3. Enrique doesn't like sports.

Listen to the recorded passage, then answer the following question.

1. Name three things to be found in this man's garden.
2. Where exactly will you find the rose trees?
3. Which roses does this man prefer?
4. How long does his wife spend in the garden?
5. How much time does this man spend in the garden?

Town and country

Study the information given below concerning four towns in Spain and four Spanish boys. Then answer the question that follows in Spanish.

Madrid, en el centro de España, es el lugar ideal para una ciudad capital. La mayoría de las capitales de países europeos están situadas sobre ríos navegables, pero Madrid no tiene esa suerte. Madrid es muy seca y caliente en verano y en invierno puede ser aún más fría que Londres.

Barcelona es el principal puerto marítimo de España, situada sobre el Mar Mediterráneo. Exporta textiles, vinos, aceites etc. Además del español, allí se habla el catalán.

Bilbao está en la costa norte. Su principal industria es la explotación del hierro y el acero. Allí se habla el vascuence. Este es un idioma completamente diferente de los otros idiomas del mundo.

La Coruña, puerto sobre el Océano Atlántico, está situada en Galicia, la cual es la primera región pesquera de España. La conserva de pescado es su principal industria.

La ciudad de Ramiro está en el centro de España. Es una ciudad muy fría en invierno y muy caliente en verano.

La ciudad de Jaime está en el norte. Es una región rica en ciertos minerales. Situada en el País Vasco.

La ciudad de Roberto está sobre la costa del norte. El principal producto alimenticio e industrial es el pescado.

La ciudad de Francisco es un puerto. Además del español, sus habitantes hablan otro idioma.

—Diga en qué ciudad vive cada uno de los cuatro chicos.

El parque de Triana

Por favor, respeten las flores y el césped. Estos jardines ofrecen descanso y alegría a los jóvenes y mayores del pueblo cuyas donaciones han contribuido a la creación de este bello lugar. La obra fue terminada en 1984.

1. What does the notice tell the visitors to respect?
2. What does the park offer the people of this town?
3. Who have contributed to the creation of this park?

Un poco más allá, algunas personas toman el sol sentadas en sillas plegables; un hombre con un uniforme de pana, sombrero de alta copa y una gran placa dorada en una correa de cuero que le cruza el pecho, recoge el importe del alquiler de las sillas. Es uno de los empleados del ayuntamiento, encargado de la vigilancia del parque.

1. Why are the people in the park today?
2. Where are they seated?
3. What is the man in uniform doing?

En una pequeña aldea vivía un labrador muy trabajador y muy honrado. Pero, por desgracia, tenía dos hijos que eran muy holgazanes.

El buen hombre se puso muy enfermo y cuando estaba a punto de morir llamó a sus dos hijos junto a la cama y les dijo: – Hijos míos, creo que voy a morir. Rezad por mí y alegraos, pues os dejo un campo muy bueno. Cavad en él y encontraréis un tesoro.

Murió el labrador y entonces los hijos cavaron todo el campo, pero no encontraron nada. Pero como habían preparado la finca muy bien, dio una estupenda cosecha aquel año. Y también los siguientes años. Ellos comprendieron que el trabajo era el tesoro del que les habló su padre.

Read the passage two or three times and then attempt to answer the questions in English.

1. Where did the farmer live?
2. How many sons did he have?
3. Before his death what two things did the father tell his sons to do?
4. What were the harvests like in the following years?
5. What did the sons understand their father to mean when he spoke of treasure?
6. What did the father really mean?

LISTENING COMPREHENSION 1

Listen to the conversation, then complete the following statements with the appropriate option.

1. Las dos personas se encuentran
   a) en el hotel.
   b) en el camping.
   c) en la agencia de viajes.
   d) en la oficina de información.

2. La señora quiere
   a) visitar otro pueblo.
   b) encontrar un hotel.
   c) hacer camping.
   d) alquilar un apartamento.

3. La señora no encuentra habitaciones porque
   a) no hay ni hoteles ni pensiones en la ciudad.
   b) hay mucha gente en el mes de agosto.
   c) los hoteles son de tres estrellas o más.
   d) el camping no está cerca del mar.

LISTENING COMPREHENSION 2

Listen to the recorded extract, then answer the following questions in English.

1. What colour was Peter's horse?
2. What did this horse sometimes jump over?
3. Why was Peter sad one day?

LISTENING COMPREHENSION 3

Listen to the two conversations and then say who is speaking.

1. a) El ama de llaves de una pensión y un cliente.
   b) Un cartero y un habitante del pueblo.
   c) Un tendero y una cliente.
   d) Un profesor y la madre de uno de los estudiantes.

2. a) El carnicero y un cliente.
   b) El peluquero y un cliente.
   c) El farmacéutico y un cliente.
   d) El panadero y un cliente.

17

Places – sightseeing

Read the following information about places in Spain, then answer in English the questions that follow:

En el bar. A muchos españoles les encanta pasar un rato en su bar preferido – ya sea charlando, tomando 'chatos' – vino tinto, clarete o blanco – o comiendo esas deliciosas 'tapas' que son la especialidad de algunos bares españoles.

En el almacén. Uno de los lugares preferidos para las compras es 'El Corte Inglés', famoso almacén situado en la Puerta del Sol, en el corazón de Madrid.

En el museo. España ha sido cuna de destacados escritores, músicos, pintores y artistas de renombre mundial. En el museo del Prado, uno de los más conocidos del mundo por sus cuadros, Madrid tiene el orgullo de exponer pinturas de los más famosos pintores españoles y extranjeros.

En la oficina de Información y turismo. Ellos son los responsables de promover el turismo en el país. Son los encargados de ayudar al turista proporcionándole información sobre los principales sitios de atracción, restaurantes, hoteles, cines, museos, excursiones, rutas de autobuses, tarifas del transporte etc.

1. If you went into a Spanish bar and ate a tasty snack with your drink, what would this snack be called in Spanish?
2. What and where is the 'Corte Inglés'?
3. The Prado museum only exhibits the paintings of Spanish painters. True or false?
4. Will the Tourist Office be able to help you with the two following problems?
   a) Booking a hotel room?
   b) Finding out the fares on the buses.

El pescador que era bastante viejo tenía un joven ayudante. Todos subimos a bordo de su barca muy temprano la mañana siguiente. La embarcación era muy vieja. Soplaba un fuerte viento y nadie tenia mucha confianza en la seguridad de la barca, pero el paisaje era tan magnífico que nos olvidamos muy pronto de nuestras inquietudes. Cuando logramos llegar a la isla pensamos que estaba completamente desierta. Las playas de arena plateada brillaban resplandecientes y claras bajo los rayos del sol.

Más tarde, sólo a unos cientos de metros de esta costa, vimos un pequeño grupo de casas, un pequeño desembarcadero y unos botes de pesca guardados fuera del alcance de las olas. Cuando desembarcamos, sentimos como si ocupásemos un nuevo continente. Los pescadores nos miraron con curiosidad y como sorprendidos.

Nuestro barquero nos dijo que sólo a unos metros arriba de la calle, había una posada, una casa de campo abandonada, que servía de taberna y era la única tienda de la aldea. Era el lugar más fantástico que se pueda imaginar. Era una habitación oscura y sucia, cuya atmósfera, oliendo a vino y a queso, producía una extraña sensación. En una esquina había un taburete junto al mostrador y una vieja desdentada atisbaba todos nuestros movimientos.

1. Why didn't the passengers have much confidence in the boat?
2. What makes them forget their worries?
3. Name two features of the island.
4. Where was the only shop?
5. What did the shop smell of?
6. Where was the old woman sitting?

READING
COMPREHENSION
3

Al acercarse a Lérida la vista es impresionante. Es como una ciudad fortificada. En lo alto está la catedral que domina la ciudad, la cual está siendo reconstruida actualmente y que por muchos años sirvió como fortaleza para los soldados.

En el centro de la parte antigua hay calles interesantes y es bastante agradable aunque no hay mucho interés histórico. Es una ciudad industrial y quizás es la parte moderna la que atrae más la atención. Los pisos y grandes edificios que son de un estilo atractivo se mezclan contrastando armoniosamente con los viejos edificios.

Alrededor de la ciudad hay huertas que producen muchas legumbres y árboles frutales, sobre todo perales.

1. What sort of town is Lérida?
2. Why do they need to restore the cathedral?
3. Why does the modern part of town attract attention?
4. What is grown in this region?

READING
COMPREHENSION
4

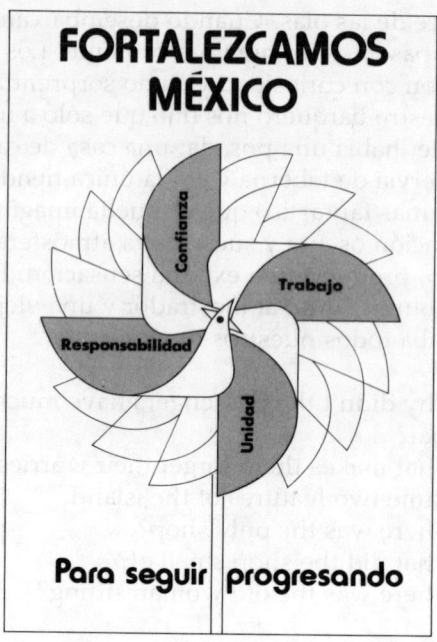

FORTALEZCAMOS MÉXICO

Confianza

Trabajo

Responsabilidad

Unidad

Para seguir progresando

1. What does the poster tell you to do?
2. How are you supposed to do it?

LISTENING
COMPREHENSION
1

Listen to the words of the tour guide and then answer the following questions.

Part A
a) What were they going to visit?
b) How were they going to make the visit?

Part B
a) What was there to see in the National Park?
b) Did they have to look to the left or the right?

Part C
a) What is the commercial centre of this city called?
b) What can you find in the commercial centre?

Part D
a) How are they getting to Cerro de Monserrate?
b) What is special about this place?

LISTENING
COMPREHENSION
2

Listen to these two descriptions and then answer the questions in English.

1. Describe the cathedral.
2. Why do so many people use the underground? Give two reasons.

Shopping – clothes

*Read the following advertisements, then choose the most
appropriate response from the options given.*

A. Tómeselo con RELAXUL. Si tú no duermes. Si no estás
    tranquilo. ¡Cuidado! El stress es una de las enfermedades
    que afecta a más personas. RELAXUL – la infusión
    elaborada con plantas medicinales. RELAXUL – se vende
    desde hace muchos años en varios países,
    principalmente en Hispanoamérica. Pida hoy mismo
    RELAXUL en su farmacia. Ponga dos bolsitas en una taza
    con agua y comprobará su resultado.

1. RELAXUL es un producto utilizado para
   a) dormir profundamente.
   b) curar enfermedades.
   c) evitar el stress.
   d) conservar las plantas.

2. RELAXUL se vende en
   a) farmacias.
   b) hospitales.
   c) supermercados.
   d) almacenes.

B. Si practica ejercicio. Si sigue una dieta adecuada. Y, aún
    así, le cuesta mantener su peso. Ayúdese con SABELIN.
    Fórmula elaborada a base de plantas medicinales
    seleccionadas que contribuyen a mantenerle siempre en
    forma. Sólo en cinco días usted verá los resultados. Venta
    exclusiva en Farmacias. Cómprelo ya.

1. SABELIN es un producto utilizado para
    a) hacer deporte.
    b) cultivar plantas medicinales.
    c) mantener el apetito.
    d) adelgazar.

2. Con SABELIN usted pierde peso
   a) en sólo cinco días.
   b) en sólo un día.
   c) en más de cinco días.
   d) en un mes.

READING COMPREHENSION 2

—¿Qué desea usted?

—¿Tiene usted un libro acerca de la vida y obra de Salvador Dalí?

—Creo que hay unos aquí.

—Estoy estudiando el arte español y busco uno lleno de detalles.

—Este es bastante completo.

—Tengo que escribir un ensayo sobre su casa y los museos en donde están expuestos sus cuadros.

—Este habla sobre los museos.

—Sí, parece muy interesante. Me lo llevaré.

—¿Algo más?

—Sí. Creo que necesito un permiso para tomar fotos en los museos. ¿Hay una oficina de turismo por aquí donde pueda obtener información?

—Hay una oficina de turismo en la Plaza de España, muy cerca de aquí.

1. What does the customer ask for?
2. Why does she need this article?
3. What must she do if she wishes to take photographs in certain museums?
4. Where is the tourist office?

READING COMPREHENSION 3

El mercado que hay cerca de la casa de nuestros amigos es muy amplio y tiene muchos puestos de venta, todos llenos de alimentos: carnes, pescados, verduras, frutas . . .

Los vendedores gritan con todas sus fuerzas: ¡Sardinas frescas! ¡Cangrejos vivos . . .!

Y tiene razón el pescadero. Los cangrejos, apiñados en cajas de madera, se mueven lentamente.

1. What is the man trying to sell behind the fish stall? Give a full answer.

LISTENING COMPREHENSION 1

Listen to the conversation, then answer the following questions.

1. What does the client wish to do?
2. Why does she buy a typical doll?
3. What costs 600 pesetas?
4. How much is the guitar?
5. What does the client ask the assistant to do?

LISTENING COMPREHENSION 2

Listen carefully to the passage, then answer the following questions in Spanish.

1. ¿Cuántos años tiene Carlos?
2. ¿Cómo se llama la mujer de Carlos?
3. ¿Hay té en la tienda de Carlos?
4. ¿Qué toma Carlos a la una?
5. ¿Tiene hijos el matrimonio?
6. ¿Dónde está el apartamento de Carlos?
7. ¿Quién es Toto?
8. ¿A qué hora cena el matrimonio?
9. ¿Hay alguna radio en el apartamento?
10. ¿Quién mira la televisión?

LISTENING COMPREHENSION 3

Listen to the conversation and then complete the following statements using one of the options provided.

1. The lady wants a dress made of
   a) velvet.
   b) wool.
   c) silk.
   d) cotton.

2. The lady finally buys
   a) a multicoloured dress size 40.
   b) a grey dress size 40.
   c) a grey dress size 38.
   d) a black and red dress size 36.

3. The lady had to pay
   a) 3,000 pesetas.
   b) 1,500 pesetas.
   c) 5,000 pesetas.
   d) less than 1,500 pesetas.

LISTENING COMPREHENSION 4

Listen to the conversation in each of the two shops and then answer the questions in English.

A. 1. What three things did the customer buy?
   2. Why didn't she require the carrots?

B. 1. What size shoe did the woman take?
   2. What type of shoes did the customer want?

Food – eating out

Read the passage carefully and then answer in Spanish the questions that follow.

Doña Alcira y su hija salieron para el supermercado y después de haber comprado todos los comestibles se dieron cuenta de que les hacía falta queso para preparar una ensalada y unos bocadillos para la cena. Como ya habían gastado casi todo el dinero debían escoger sólo un queso de los tres que había en el supermercado y además que les sirviera para ambos platos.

ANABY   Un queso único. De sabor fresco. Para tomar solo o combinar con casi todo. En bocadillos, por ejemplo. Con apio, tomate, cebollita picada etc.

MAMA TINA   Exquisitas lonchas de queso, ideales para todo tipo de platos. Perfecto para cortarlo y tomarlo solo, que es como mejor se aprecia su exquisito sabor, o con lo que tú quieras.

CAMPESINO   El corazón del queso. Para preparar algunos de esos platos que a todos les gusta. O cortado muy fino en ensalada de lechuga, tomate y cebollita.

1. ¿Qué queso convendría más a doña Alcira y su hija para preparar los dos platos?
2. ¿Por qué?
3. ¿Qué queso es el 'ideal' para preparar los bocadillos?
4. ¿Qué queso es el 'ideal' para preparar la ensalada?

Son fantásticos los pasteles y los huevos de Pascua. Hay una pastelería en Castelló de Ampurias donde el pastelero es un verdadero artista. Hace pagodas chinas, bosques fantásticos, castillos de chocolate etc. En Castelló hay una iglesia muy famosa y en el pueblo venden caramelos que se llaman 'Piedras de la Catedral' y pasteles que se llaman 'Rocas de Castelló de Ampurias': los dos de merengue y almendras – ¡Estupendos! Pero no sólo en este pueblo sino por toda Cataluña es famosa la pastelería.

1. What are fantastic?
2. What shapes does the pastry maker design?
3. What are the local sweets made of?

Huevos como los de antes con la fecha de puesta

What two things are you told about these eggs?

LISTENING
COMPREHENSION
1

Listen carefully, then answer the following questions in English.

1. Where is the customer?
2. What is the first thing he asks the waiter?
3. What is he going to have to drink?
4. How does he want the pork steak?
5. After the dessert what is he going to have?

LISTENING
COMPREHENSION
2

*Listen to the conversation and then complete the following
statements with the most appropriate of the options provided.*

1. Antonio and his friend are trying to decide
   a) which is the best restaurant in the city.
   b) where to go to have lunch.
   c) what kind of wine they are going to have.

2. They are going to
   a) the countryside because the weather is very nice.
   b) the bank to get some money to pay for the lunch.
   c) have lunch on the terrace of a restaurant.

3. For lunch they are going to have
   a) the menu of the day which includes the wine.
   b) just the menu of the day.
   c) the menu of the day with the very best wine available.

LISTENING
COMPREHENSION
3

*Listen to the next passage and then say whether the statements that
follow are true or false.*

1. The situation takes place in a cookery class.
2. The ingredients are listed on a piece of paper.
3. They are going to prepare sea food.
4. Some of the ingredients are prawns, bread, wine and
   onions.
5. It takes only a quarter of an hour to prepare this dish.

LISTENING
COMPREHENSION
4

Listen to the dialogue and answer the following questions in English.

1. What does Pepe suggest they drink?
2. What do Vicente and Pepe decide to eat?
3. Give two reasons why a lot of people come to this bar.
4. How much is their bill?

Health – parts of the body

Read the following passage, then from the four possibilities provided, choose the most appropriate reply to the questions asked.

Ramiro Rangel es médico. La medicina es una profesión muy exigente. No importa a qué hora, el médico debe estar siempre listo para atender a sus pacientes. Por el despacho del doctor Rangel pasan muchas personas cada día. En este momento, por ejemplo, atiende a una señora de unos sesenta años.

1 —Muy bien señora, cuénteme, ¿qué le pasa?
   a) Estoy bien, gracias.
   b) Tengo sesenta y dos años.
   c) Debo tomar esta medicina.
   d) La cabeza me duele constantemente.

2 —¿Desde hace cuánto tiempo?
   a) No me siento bien.
   b) Desde hace más de una semana.
   c) Desde hace cinco minutos.
   d) Hasta mañana.

3 —¿Qué me aconseja doctor?
   a) Debe tomar estos comprimidos cada doce horas.
   b) Tiene la temperatura alta.
   c) Creo que se ha fracturado una pierna.
   d) Debe visitar a su médico más a menudo.

MAS VALE PREVENIR

DIENTES

Tengo un hijo de ocho meses y aún no le han salido los dientes. ¿Es normal? B. Martínez (La Coruña).
Sí, el niño puede desarrollarse normalmente y los dientes aparecer dentro de poco. No hay fechas exactas para todos los niños. Tal vez su hijito está más adelantado en cualquier otro aspecto.

1. What is this woman worried about?
2. What two answers does the doctor give to stop her worrying?

Antes de acostarse, ofrezca a sus pies fatigados un baño que alivie sus dolores.

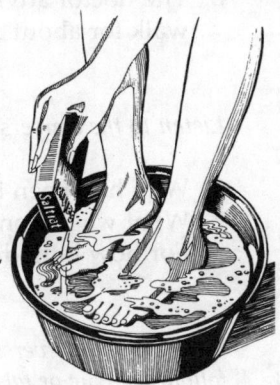

Sus pies han sufrido una jornada larga y penosa Usted ha caminado mucho, ha subido escaleras o ha permanecido de pie durante largos ratos. Es lógico, pues, que sus pies estén ardiendo y que necesiten descansar.

Un baño oxigenado de pies con SALTRATOS RODELL estimula la circulación sanguínea, aporta a sus pies doloridos un alivio rápido y real y le asegura toda una noche de apacible sueño.

Saltratos®
bienestar de los pies.
Venta exclusiva en farmacias.

1. Give two reasons why your feet are tired at the end of the day.
2. Give two reasons why this product will help.

TAURO

(Del 21 abril al 21 mayo)

DINERO: Semana propicia para lograr importantes mejoras económicas por medio de las gangas. **TRABAJO:** Los superiores estarán bastante interesados por su promoción. **SUERTE:** Esfuércese más en sus proyectos y no espere mucho de ella. **SALUD:** Tome mayores precauciones con los accidentes caseros o laborales durante el 17. **FAMILIA:** Es buen momento para ver mejoradas las relaciones con parientes menos allegados. **AMOR:** Desconfíe de las nuevas muestras de afecto y evitará muchos problemas a su pobre corazón.

1. What does this horoscope say about your health? Give a full answer.

LISTENING COMPREHENSION 1	*Listen to the conversation and complete the blanks with the appropriate word.*

1. This is a dialogue between a _____ and a patient.
2. The patient is feeling _____ now.
3. The doctor advises her to _____ a little more, and to walk for about _____ minutes every day.

LISTENING COMPREHENSION 2	*Listen to the conversation and answer the questions that follow.*

1. Who had been ill?
2. What was wrong with her?
3. For how long did she have to stay in bed?

LISTENING COMPREHENSION 3	*Listen to the conversation and then say whether the statements that follow are true or false.*

1. Ricardo has been seriously ill.
2. He was in the train when he first felt ill.
3. He couldn't breathe and then he fainted.
4. When he woke up he realized he was in his room.
5. The doctor said he had suffered a heart attack.

LISTENING COMPREHENSION 4	*Listen to the conversation and complete the blanks with the appropriate word. Use only one word.*

The patient is _____ (1) _____ and she has to be _____ (2) _____ on immediately. The woman has got to go to the _____ (3) _____ on Tuesday at _____ (4) _____ in the morning. The operation will take place on _____ (5) _____ at _____ (6) _____ in the afternoon.

Sport

Look carefully at this extract from a Spanish newspaper, then answer the questions which follow.

Fútbol: Hoy el gran encuentro. Por la Copa Europea se enfrentarán Francia y el Real Madrid de España. El partido se llevará a cabo en el estadio del Real Madrid, el mayor de España. Este estadio estará atestado de fanáticos que irán a admirar el equipo ganador de cinco Copas de Europa.

Ciclismo: En ocho días se dará inicio a la Vuelta a España. En España se darán cita los mejores ciclistas del mundo en representación de sus equipos – Renault, Pilas Varta, y Café de Colombia, entre otros.

Toros: Y mañana domingo la corrida del año – en la Plaza de Toros – la Macarena. Gran mano a mano entre Manzanares y el Puno. Además el joven Rincón tomará la alternativa de manos del Cordobés.

1. What is today's big match?
2. When will cycling begin?
3. Where is the bullfight going to take place?
4. Who are the three bullfighters who will be seen tomorrow?

Había estado entrenando durante años y años para poder participar en la Vuelta a España. Día tras día había estado pedaleando en terreno plano, con curvas, y en la montaña hasta el cansancio. Había participado además en otras competiciones menores con muy buenos resultados. Había logrado conseguir un buen patrocinador y hasta me había preparado psicológicamente para tomar parte en la Vuelta.

Llegó por fin el día tan anhelado. El primer día fue un poco difícil, debo admitirlo, pero logré llegar en los primeros lugares. Al final del segundo día me sentía en muy buenas condiciones y estaba seguro de que haría un buen papel en la Vuelta. Al día siguiente tuve un pinchazo y perdí minutos preciosos. Después de mucho esfuerzo logré alcanzar al pelotón pero hacia las dos de la tarde, faltando sólo unos pocos kilómetros para el premio de montaña, no supe cómo resbalé y rodé con mi bicicleta no se cuántos metros por una pendiente al lado de la carretera. Hoy, después de dos semanas, estoy aquí en el hospital y siento que, definitivamente, la Vuelta a España ha terminado para mí.

Read the passage and complete in Spanish the statements which follow. Use only one word.

1. El ciclista de la historia se había preparado físicamente y ___ ___ para tomar parte en la Vuelta.
2. El ciclista había estado entrenando durante muchos ___.
3. Durante el ___ y el segundo día se sentía muy bien.
4. El accidente sucedió a las ___ de la tarde.
5. En este momento el ciclista se encuentra en un ___.
6. La Vuelta a España comenzó hace ___ semanas.

READING COMPREHENSION 3

Deportes primitivos de invierno

Desde los primeros tiempos, el hombre ha tenido que luchar con el hielo y con la nieve. Es posible que el hombre lleve unos cinco mil años esquiando. Existen algunas imágenes que datan de la Edad de Piedra, de hace cuatro mil años. Un dios y una diosa del esquí, Ullr y Undurrdis, aparecen en la mitología escandinava.

Los primeros esquíes eran de madera, con las puntas de atrás y de delante igualmente encorvadas. Si se rompía una de las puntas cuando el esquiador estaba cazando, podía invertirse el esquí. Este se sujetaba al pie con una sola correa sobre el dedo gordo. En vez de dos palos, se empleaba una pértiga aguzada. Esta podía emplearse tanto como arma arrojadiza para la caza, así como a modo de palo propulsor. Otro tipo de esquí estaba constituído por un esquí izquierdo largo y un esquí derecho corto forrados de pieles. Los esquíes más grandes que se conocen fueron empleados por un minero de California hace cerca de un siglo; tenían unos 3,5 m de largo.

1. What were the first skis made of?
2. Why did they have points both ends?
3. How were they fastened to the foot?
4. When the length of each ski differed, which foot was the one with the longest ski?
5. Who owned the longest pair of skis known?

| LISTENING COMPREHENSION 1 | *Answer the questions about the sports programme that you are about to hear. Answer in English.* |

1. At what time of the day is the game played?
2. In what part of Spain does this game take place?
3. What does the announcer do before mentioning the arrival of the players?
4. Why are most of the players unable to play after the age of 30?

| LISTENING COMPREHENSION 2 | *Listen carefully to the conversation and then, from the options provided, say what the speakers are going to do.* |

a) Play tennis.
b) Go swimming.
c) Go fishing.
d) Go on the river.

| LISTENING COMPREHENSION 3 | *Listen to the following conversation, then answer the questions in English.* |

1. How much does a course of ten ski lessons cost?
2. Where do you hire the ski boots?
3. At what time do the classes start in the morning?
4. For what reason might they be cancelled?

| LISTENING COMPREHENSION 4 | *Listen carefully, then answer the following questions in English.* |

1. In what year did the Bolivian Games begin?
2. How many countries take part?
3. Where was the first tournament held?
4. When was this tournament?
5. Name three of the sports in this tournament.

Radio and television

El señor y la señora Carboneres van a la playa o al campo los fines de semana, pero esta vez desean cambiar de rutina y deciden quedarse en casa mirando la televisión. El señor Carboneres echó una ojeada al periódico a fin de escoger los mejores programas, pero antes preguntó a su mujer:

—A ver, ¿qué prefieres ver?

—Tú sabes que no me gustan ni la música ni los deportes. Preferiría ver alguna película de terror o algún programa sobre arte o literatura. ¿Y tú?

—Por mi parte, si no se trata de un programa de concurso está bien. Pero prefiero los deportes y las noticias. Veamos entonces qué hay para hoy:

9:00   DIÁLOGOS CON LA MÚSICA – programa dedicado a F. Chopin. Interpretación de sus obras 'Estudio Op. 10. N. 1' y 'Andante Spianato y Gran Polonesa', Op. 22.

10:00   EN FAMILIA – entretenido concurso 'Alcance la Estrella'.

11:00   FÚTBOL – Final Copa Internacional entre el campeón de Europa, Oporto, y el campeón de América, Peñarol.

1:00   TIEMPOS MODERNOS – Exposición de pinturas de Leonardo da Vinci sobre la naturaleza.

2:00   SÁBADO CINE – 'La Otra Cara del Padrino' – 90 minutos.

3:30   NOTICIAS DE LA TARDE – Resumen semanal de noticias.

4:00   CINE EN SU CASA – 'Las Aventuras de Sherlock Holmes' – Serie de historias de terror.

6:00   COMO EL PERRO Y EL GATO – Participe y gane.

7:00   EN PORTADA – Corea del sur: rumbo a la democracia.

Read this section and answer the following questions in Spanish.

1. ¿Qué programas escogería el señor Carboneres?
2. ¿Qué programas escogería la señora Carboneres?
3. ¿Por qué la señora Carboneres no escogería 'Diálogos con la Música'?
4. ¿Por qué el señor Carboneres no escogería 'Como el Perro y el Gato'?

MARTES, 2 DE OCTUBRE

1.ª Cadena

13,30 **Carta de ajuste.**

13,45 **Cobertura regional.**

14,55 **Programación nacional.**

15,00 **Telediario.**

15,35 **Todo por amor.** «*Combate*». La señora Prior está consagrada al cuidado de su hijo, Peter, de treinta años.

16,30 **La tarde.**

17,25 **Las Cortes de España.**

17,50 **¡Hola, chicos!**

17,55 **Barrio Sésamo.** «*El trabalenguas*».

18,25 **El quiosco.** Programa divulgativo para el público infantil.

18,50 **Informativo juvenil.**

19,00 **Tocata.**

20,00 **Letra pequeña.**

20,30 **Telediario.**

21,05 **El hombre y la tierra.** «*El águila real*» (I).

21,35 **Cuentos imposibles.** «*Ingrid Bloom*». De Jaime de Armiñán.

22,40 **En portada.**

23,35 **Telediario-3.**

23,45 **Teledeporte.**

23,55 **Despedida y cierre.**

2.ª Cadena

18,45 **Carta de ajuste.**

18,59 **Apertura y presentación.**

19,00 **Agenda.**

19,10 **Puesta a punto.**

19,30 **Arco Iris.** «*Manualidades*».

19,45 **Arte y tradiciones populares.** «*Arquitectura popular gallega: a materiales*» (II).

20,05 **Tablón de anun-**

cios. Monográfico sobre la droga.

20,30 **Con las manos en la masa.** Cocina castellana: sopa de ajos y cordero al estilo Pedraza.

21,00 **Ciclo Shakespeare.** «*Sueño de una noche de verano*».

22,30 **La edad de oro.**

24,00 **A medianoche.**

00,30 **Despedida y cierre.**

1. Are these programmes for the radio or television?
2. Which day of the week are they for?
3. At what time is there a sports programme?
4. What recipe is being described in the cookery programme?

Televisión vía satélite

Contacto directo con los idiomas del mundo.

Como si estuvieran en los diferentes países sintonizados, Ud. y los suyos tendrán la oportunidad de tomar contacto con un verdadero profesor particular de idiomas en situaciones de la vida real.

Acceso a información de primera mano.

Usted tendrá una visión global sobre la actuación política internacional, al tener acceso directo a la información de cada país.

Una gran organización respalda su montaje:
nuestra firma, pionera en instalaciones de antenas para TV, le garantiza un perfecto funcionamiento de los equipos instalados y una constante asistencia técnica posterior.

Having read the information about satellite television, answer the following questions in English.

1. Why is this service useful from a linguistic point of view?
2. What general advantage is there in listening to the programmes direct?
3. What is offered in respect of the maintenance of the service?

Study the four television programmes detailed below. A man and his wife are discussing which one they would both like to watch. Decide which programme they might choose.

a) Deportes.
b) Una película de vaqueros.
c) Una película policíaca.
d) Película – Un viaje a Costa Rica.

Listen to this TV programme and answer the following questions in English.

1. What sports event is to be televised?
2. Where is Tafalla?
3. On which day will this event take place?
4. At what time will the programme be?

At the post office

Read the passage carefully and then answer in Spanish the questions that follow.

¿Qué debes hacer si estando en España deseas hacer una llamada telefónica? Hay varias posibilidades. Si estás en una ciudad grande, Madrid por ejemplo, y deseas hacer una llamada local, debes buscar una cabina telefónica, la cual generalmente tiene un letrero azul en la parte superior con la palabra 'teléfono'. Allí debes usar monedas. Si no puedes encontrar una cabina cerca, el otro lugar a donde puedes ir es a un café o a un bar. Allí no siempre usas monedas, algunas veces debes comprar una ficha, un disco metálico parecido a una moneda.

Si deseas hacer una llamada de larga distancia debes buscar un teléfono interurbano o ir a la compañía telefónica y pedir a la operadora que te comunique. Al terminar la llamada debes pagar la suma indicada por la operadora.

En España no puedes ir a Correos a hacer llamadas locales o de larga distancia. Correos y la compañía Telefónica son entidades totalmente independientes.

1. Si deseas hacer una llamada local tienes dos posibilidades – ¿cuáles?
2. ¿Qué debes hacer si deseas hacer una llamada de larga distancia?
3. ¿Quién es la persona encargada de las llamadas de larga distancia en la compañía Telefónica?
4. ¿Por qué en España no puedes hacer una llamada telefónica desde Correos?

—¿Cuánto cuesta enviar una postal a Inglaterra?
—Cuarenta y cinco pesetas.
—Quiero cuatro sellos de cuarenta y cinco pesetas.
—Ciento ochenta pesetas.
—Tengo también un paquete para Inglaterra.
—Sí señor. Rellene este impreso para la Aduana.

Answer the following questions in English.

1. What does the man want to send to England?
2. How many stamps does he buy?
3. Why must he fill in a form?

LISTENING COMPREHENSION 1

Listen to the conversation in the post office and answer the following questions in English.

1. How much is it to send the letter?
2. How long will the letter take to arrive?
3. Where is the letter box?

LISTENING COMPREHENSION 2

Listen to this conversation and answer the following questions in English.

1. Where does the woman wish to send the parcel?
2. What is she told to do first?
3. What two things must she not forget to do?

LISTENING COMPREHENSION 3

Listen to this conversation and answer the following questions in English.

1. What has the client failed to write on the parcel?
2. How long does it take for the parcel to go by sea?
3. Which way does the client decide to send it?
4. How much will it cost to send it?

Meetings

Read the letter carefully and then choose the appropriate option in order to complete the statement correctly.

Miraflores de la Sierra,
5 de agosto.

Manuel Perez Porta
Ex-alumno Colegio Mayor de Nuestra Señora,
Málaga.

Querido Manuel:

Tengo el gusto de invitarte a la recepción que con motivo del centenario de nuestra prestigiosa institución, de la cual tú formaste parte, se llevará a cabo en el Aula Magna del colegio el día 28 de los corrientes a las 8 p.m.

A la ceremonia han sido invitados representantes de nuestra comunidad eclesiástica, gubernamental y educativa, entre ellos nuestro respetable cuerpo de profesores y ex-alumnos que como tú aún están en contacto con el colegio.

En caso de no poder asistir te ruego me lo hagas saber con anterioridad.

Muy cordialmente,
Rvdo. Antonio Carbonell,
Director Colegio Mayor de Nuestra Señora.

1. Manuel Porta
   a) estudia actualmente en le colegio Mayor de Nuestra Señora.
   b) ha sido invitado a la celebración del centenario del colegio.

2. La recepción se llevará a cabo
   a) el 28 de agosto a las 8 a.m.
   b) en el Aula Magna del Colegio.

3. El 28 de agosto el Colegio Mayor de Nuestra Señora
   a) cumple cien años de haber sido fundado.
   b) cumple cincuenta años de haber sido fundado.

4. A la recepción han sido invitados
   a) sólo ex-alumnos que aún están en contacto con el colegio.
   b) representantes de la comunidad eclesiástica, gubernamental y educativa.

5. El Rvdo. Antonio Carbonell
   a) es la persona encargada de escribir las invitaciones.
   b) es el director del colegio.

Ayer a las doce en el Ayuntamiento de Plasencia se celebró un almuerzo en honor de un grupo escolar de alumnos ingleses que estarán quince días en casa de alumnos del Instituto Gabriel y Galán. Les recibió el alcalde en compañía de otros altos funcionarios de la ciudad.

1. Where was the lunch held?
2. In whose honour was it held?
3. Who greeted them?

eulogio
y
montserrat

junto con nuestros padres

pablo **ballesteros gascón**
donatila gallego caballero
y
lluís jardí llagostera
josefina gual pellisé

os comunicamos que nos casaremos dentro de la primera quincena de noviembre en el monasterio de san cugat del vallés.

1. What sort of invitation is this?
2. When will the event take place?

Listen carefully to the conversation and then answer the following questions in English.

1. With whom will Isabel be travelling?
2. What will she be wearing?
3. How will Isabel recognize Mercedes' father?
4. What will Mercedes be carrying in her hand?
5. When will Isabel arrive?

Listen to the conversation and answer the following questions in English.

1. Where has señora Gómez gone?
2. Why?
3. Who answers the door?
4. What does the neighbour want?

LISTENING
COMPREHENSION
3

Listen to the recording and then complete each of the following statements by choosing one of the four options given.

1. The young people will meet on
   a) Tuesday.
   b) Saturday.
   c) Thursday.
   d) Friday.

2. They won't be meeting until the afternoon because
   a) they have a lot of homework.
   b) one of them has a brother to look after.
   c) one of them likes to stay in bed late.
   d) one of them has a piano lesson.

3. They will spend their time
   a) dancing.
   b) watching television.
   c) listening to records.
   d) talking about music.

LISTENING
COMPREHENSION
4

After listening to this conversation, choose one of the options to complete the sentence given.

Los dos chicos se encontrarán
a) en un bar.
b) en una cafetería.
c) en el cine.
d) en casa de José.

LISTENING
COMPREHENSION
5

After listening to the recording, choose one of the options to complete the sentence given.

La casa de Nicolás está
a) enfrente de la parada.
b) justo enfrente de la estación.
c) a la derecha de unas cabinas telefónicas.
d) todo recto.

Cinema and theatre

Read the following extract about the cinema, then answer in English the questions that follow.

Las películas de la semana

Lunes y martes:
Función de la tarde – 7 p.m.
Viva Zapata. Intérpretes: Marlon Brando, Jean Peters,
    Anthony Quinn.
    Director: Elia Kazan.
Comentario: Formidable composición de Marlon Brando del famoso revolucionario mexicano, en una historia cinematográfica muy próxima al típico film del oeste, pero que, sin embargo, tiene una nada desdeñable carga política implícita.
Miércoles y jueves:
Función de la noche – 10 p.m.
Los Fieles Sirvientes. Intérpretes: Amparo Soler, Francisco
    Algora, María Isbert.
    Director: Francesco Betrui.
Comentario: Comedia española muy corrosiva y mordaz, con un tipo de humor poco habitual en nuestro cine. Para reír moderadamente, para ver unas actuaciones muy notables y para reflexionar después de haberla visto.
Viernes, Sábado y Domingo:
Sesión contínua. Desde las 4 p.m. Mayores de 18 años.
La Otra Cara del Padrino. Intérpretes: Alighiero Nuschese,
    Raymond Bussieres, Haydee
    Politoff.
    Director: Franco Prosperi.
Comentario: Film italiano de primera fila. La guerra de la mafia, en un terrible ajuste de cuentas entre gangsters. Suspenso, crimen, una película importante.

1. Which film will you choose to see if you dislike anything with violence?
2. If the only time you can go to the cinema is before five o'clock, which film should you see?
3. You can only go the the cinema on Tuesday, so which film will you see?
4. Was the film 'La Otra Cara del Padrino' made by a Spanish film team?
5. What is the film 'Viva Zapata' about?

CARTELERA

ALTAMIRA.— Segunda semana. **«La vaquilla»**. Estreno. Alfredo Landa, Guillermo Montesinos, José Sacristán. Un film de Luis G. Berlanga. No recomendada menores de 13 años. Pases: 6, 8'15 y 10'30.

SALA «X».— Eugenio d'Ors, 19. **«Agencia porno investigadora»** Estreno. 6, 7'30, 9 y 10'30. V. O. S. Película de proyección exclusiva en salas «X». Prohibida la entrada a menores de 18 años.

GRAN TEATRO.— Segunda semana. **«Historia de un soldado»**. Un film de Norman Jewison. N.R.M. 13 años. 6, 8'15 y 10'30. U.P.P.: 10'45.

CAPITOLIO.—Segunda semana. Ultimo día. Explosivo estreno en color. **«En la cuerda floja»** Vuelve Clint Eastwood, más duro y violento que nunca. N.R.M. de 18 años. Pases: 6'15, 8'30, 10'45. U.P.P. 11.

ALCAZAR.— Segunda semana. **«Enamorarse»**. Estreno. Rotert De Niro, Meryl Streep. No recomendada menores de 13 años. Pases: 6, 8'15 y 10'30.

PAZ.— **«El último penalty»**. Estreno. Vicente Parra, Paca Gabaldón. No recomendada menores de 14 años. Pases: 6, 7'45, 9'15 y 10'45.

1. What is the film at the Gran Teatro about?
2. Which cinema can't you go to if you are 17 years of age?

Listen to this conversation and then answer the following questions.

1. Why don't these two people buy the theatre seats that are available?
2. Where do they decide to go instead?
3. At what time does the performance begin?

Listen carefully to the dialogue, then answer the questions in Spanish.

1. ¿En qué fila están las butacas?
2. ¿Cuántas entradas pide el señor?
3. ¿Cuánto cuestan?

Listen to the conversation, then answer the following questions in English.

1. Why do many people stay at home instead of going to the cinema?
2. Why does the second speaker think it necessary to go to the cinema?
3. Who wrote the play *La casa de Bernarda Alba*?
4. How long ago was it shown on TV?

Schools and colleges

José se levanta a las siete y media. En seguida se baña, se viste y toma el desayuno. Media hora más tarde sale de su casa para tomar el autobús. Veinte minutos después llega a la escuela y charla con sus amigos durante diez minutos antes del comienzo de las clases. Una vez en la clase, los alumnos esperan la llegada del profesor.

1. At what time does José get up?
2. What does he do before leaving the house?
3. When does he leave the house?
4. How does he get to school?
5. At what time does school start?

El señor García enseña geografía e historia. Hace ya treinta y cinco minutos que habla a los alumnos de la conquista y la llegada de los españoles a América. A José no le gusta mucho la historia. El encuentra la clase de geografía más interesante, sobre todo cuando el profesor habla de la hermosura de las playas mediterráneas, de los Pirineos y de otros sitios turísticos de España. José finge tomar nota, pero en realidad escoge su programa favorito de televisión para hoy. Cuando acaba la clase los alumnos salen. Es mediodía y por fin la hora del almuerzo.

Read the passage carefully and then say whether the statements which follow are true or false.

1. El señor García enseña historia y humanidades.
2. En la clase de hoy, el profesor habla de la conquista española.
3. José prefiere la clase de geografía.
4. José toma nota atentamente.
5. Cuando acaba la clase los alumnos permanecen en la clase.
6. Los alumnos toman el almuerzo al mediodía.

In each of the following questions a word or phrase has been omitted. From the four answers suggested, select the one which you think makes the best sense and indicate the answer by encircling the letter.

1. —Sacad pronto los cuadernos. Estáis perdiendo _____
   a) el tiempo.
   b) los deberes.
   c) el bolígrafo.
   d) el libro.

2. Le _____ tanto saber los resultados de sus exámenes, que fue a ver al director.
   a) quedaba
   b) hacía
   c) tomaba
   d) interesaba

3. Cuando terminan las clases, los estudiantes _____
   a) se despiertan.
   b) se van.
   c) se enojan.
   d) se afeitan.

READING COMPREHENSION 4

Con la universidad española nació la tuna, grupo musical universitario que canta canciones estudiantiles y populares. Tocan bandurria, guitarra, laúd, mandolina, violín, acordeón, gaita, pandereta. . . .

El estudiante que debía ir a Salamanca a cursar sus estudios solicitaba la comida del señor a cambio de sus canciones. También afinaba el instrumento para rondar a la mujer de sus sueños.

Esto ocurría también en las demás universidades europeas pero poco a poco esta tradición se fue perdiendo, perdurando sólo en España, Portugal y Latinoamérica.

Hoy casi todas las facultades tienen tuna y la suelen formar alrededor de 25 tunos. Tras pasar el examen musical, para entrar en la tuna el estudiante debe superar un examen público con entrada libre, en el que se le hace pasar vergüenza y se pone a prueba su habilidad para salir airoso en situaciones difíciles. Durante todo el año hará cuanto deseen los tunos y al final del curso, si ha aprobado, prestará juramento de fidelidad a la tuna imponiéndosele la beca, distintivo de la tuna de la que pasa a formar parte.

Answer true or false.

1. A group of Tuna singers will always sing classical music.
2. There must be more than 25 members to form a group.
3. The essential qualification to be a member is an ability to play an instrument well.
4. The tambourine is one of the instruments played.
5. There are Tuna groups throughout Europe.

READING COMPREHENSION 5

Conocemos una escuela inglesa y si la comparamos con nuestro instituto en Pontevedra, vemos que tenemos más libertad y que se nos trata menos como máquinas y más como personas que en Inglaterra.

1. Give two reasons why this Spanish pupil prefers schools in Spain.

READING COMPREHENSION 6

1. Which language is being offered?
2. How long will it take to learn the language?
3. When are the classes?
4. What do you do if you are interested?

LISTENING COMPREHENSION 1

Listen carefully, then answer the following questions in English.

1. Who is speaking?
2. What is he talking about?
3. To whom is he speaking?
4. How many days will the examinations last?
5. When will they finish?
6. How many examinations will they have each day?
7. What is the speaker going to do next?

LISTENING
COMPREHENSION
2

Listen carefully, then answer the following questions in English.

1. What lesson is the class having now?
2. Who is the teacher speaking to?
3. What does the teacher want to know?
4. Why does the teacher expect the pupil to know the answer?
5. What reason does the teacher suggest for the pupil not knowing the answer?
6. What is the pupil's answer?

LISTENING
COMPREHENSION
3

Listen carefully, then answer the following questions in English.

1. What does José want?
2. What happened to José's pen?
3. Why can't José get his pen back?
4. When will Isabel need her pen?

LISTENING
COMPREHENSION
4

Listen carefully, then answer the following questions in English.

1. Which lesson was very boring?
2. What do the girls have for homework?
3. What arrangements have they made for the following morning?

LISTENING
COMPREHENSION
5

Listen to this short passage describing Josefina and then answer the following questions in English.

1. What does Josefina do for a living?
2. How old is she?
3. What is the name of the school?
4. What time of the year is it?
5. What do they all do after the meal?

LISTENING
COMPREHENSION
6

Listen to the following passage and then answer the questions in English.

1. What does Peter study?
2. At what time does he get up in the morning?
3. How does he spend the afternoon?
4. When does he study in the evening?
5. What does he do at the pub?

UNIT 15 Travel

READING
COMPREHENSION
1

—¿A qué hora sale el tren para Madrid?
—Sale siempre a las cuatro y media.
—De acuerdo, entonces déme dos billetes de ida y vuelta, por favor.
—Hay sólo billetes de primera clase.
—Está bien.
—Tenga. Asientos 18 y 19. El expreso para Madrid sale del andén número cuatro.
—¿Cuánto es?
—Son en total dos mil quinientas treinta y cinco pesetas.
—Muchas gracias.

Read the passage carefully, then complete each of the statements which follow by choosing one of the four options given.

1. El tren para Madrid sale
   a) por la mañana.
   b) al mediodía.
   c) por la tarde.
   d) a la medianoche.

2. El pasajero compra
   a) dos billetes sencillos.
   b) dos billetes de segunda clase.
   c) dos billetes de ida y vuelta.
   d) un billete de primera clase.

3. El tren para Madrid
   a) para en todas las estaciones.
   b) sale sólo algunas veces a las cuatro y media.
   c) sale del andén número 18.
   d) es un tren expreso.

READING
COMPREHENSION
2

Andrea y Henri desean tomar un taxi para ir al centro de Madrid, pero llevan esperando más de quince minutos y no consiguen ninguno. Por lo tanto, se ven obligados a tomar el metro hasta la Gran Vía. Esta es una avenida muy famosa por sus cafés, sus lujosos almacenes, sus bellos edificios y sobre todo por su agitada vida nocturna. Después de recorrer el centro moderno de Madrid, Andrea y Henri se dirigen hacia la Puerta del Sol, en el centro antiguo. En este distrito de Madrid, conocido por sus estrechas calles, sus teatros y sus cientos de bares, ellos deberán tomar el metro para regresar al hotel.

Read the passage then answer the questions that follow in English.

1. Where are Andrea and Henri going?
2. How do they want to get there?
3. How do they get to the centre of Madrid?
4. Why is the modern centre of Madrid famous?
5. Where is La Puerta del Sol?
6. Why is this district of Madrid well known?
7. How will they get back to the hotel?

READING COMPREHENSION 3

You return to your car and notice a sign in the square where you left it.

PARKING VIGILADO
125 pts.
Estacionamiento máximo –
dos horas.

Name two things which this sign tells you.

READING COMPREHENSION 4

El tráfico

El tráfico es un problema en Barcelona, sobre todo el viernes por la tarde. Las calles se encuentran bloqueadas de una manera extraordinaria. No se puede parar ni aparcar. Los barceloneses conducen muy rápido, arrancan en el momento en que cambian las luces y se impacientan mucho si alguien vacila un momento.

Una cosa importante se puede observar en los taxis de Barcelona. Si van libres, llevan una luz verde. Lo más curioso es que sobre la una de la tarde, cuando regresan a casa a comer, ponen un letrero en la ventanilla anunciando su destino.

Write true or false.

1. The traffic is very bad on Friday morning.
2. Driving in Barcelona is very easy because of the one-way system.
3. If you see a taxi with a green light it means the driver is off duty.

LA AUTOPISTA ES SERVICIO

Usted no viaja solo.

Su seguridad queda garantizada por un especializado servicio de vigilancia y asistencia que, a través de los Postes de Auxilio (S.O.S.) colocados aproximadamente cada 2 km., está permanentemente alerta para solventar su circunstancia adversa.

La asistencia es total:

- Policía.
- Auxilio mecánico en ruta.
- Remolque del vehículo averiado.
- Ambulancia y servicios sanitarios.

AREAS DE SERVICIO EN AUTOPISTAS

Donde encontrará:

- su cafetería.
- su restaurante.
- su boutique.
- amplia zona de descanso.
- aseos.
- servicio telefónico.

Y para su coche:

- carburante y aceites.
- accesorios y repuestos.
- verificación gratuita de la presión de los neumáticos.
- asistencia técnica.

RECOMENDACIONES IMPORTANTES

CIRCULACION

No se detenga jamás en un carril de circulación.

En caso de AVERIA o ENFERMEDAD puede pararse en el arcén, señalizando el vehículo de acuerdo con las normas del Código de Circulación. Levante el capó del coche y solicite auxilio desde el poste S.O.S. más próximo.

Respete estrictamente la señalización.

Circule por la derecha.

No invierta bajo ningún concepto el sentido de la marcha: es muy peligroso y está terminantemente prohibido por el Código de Circulación.

En caso de condiciones meteorológicas adversas (niebla, nieve, lluvia, etc.) encienda las luces adecuadas y circule con precaución.

Todo el personal de la autopista está a su servicio para prestarle ayuda en cualquier circunstancia. Por favor, atienda siempre sus indicaciones para una mejor y más fluida circulación.

PEAJE

Es obligatorio detenerse en las estaciones de peaje para pagar el peaje o recoger el billete de tránsito, según el caso. Le rogamos no doble ni rasgue el billete de tránsito. El extravío del mismo supone el pago del recorrido más largo posible.

Para su comodidad, procure llevar el importe exacto del peaje.

En todas las cabinas de peaje puede solicitar las tarifas de peaje vigentes.

1. When would you use the SOS box?

2. What two things should you do in very bad weather?

3. What two things must you avoid doing with the motorway tickets?

<table>
<tr><td>LISTENING
COMPREHENSION
1</td><td>Listen carefully to the recording, then say whether the following statements are true or false.</td></tr>
</table>

1. A lady wants to know how to get to Sanjenjo.
2. A railway employee is giving directions to a traveller.
3. The traveller has to go to Santiago.
4. The traveller is going from Santiago to Pontevedra.
5. The traveller must change at Pontevedra.
6. There is a coach service between Pontevedra and Sanjenjo.

LISTENING
COMPREHENSION
2

Listen to the announcement, then answer the following questions.

1. Who is speaking?
2. To whom?
3. Where is the train coming from?
4. How late will it be?
5. Why?

LISTENING
COMPREHENSION
3

Listen to the conversation, then answer the following questions.

1. Where is this conversation taking place?
2. Who is speaking to the passenger?
3. Where does the passenger have to change?
4. What does the passenger want to know?

LISTENING
COMPREHENSION
4

Listen to the following conversation and then answer the questions in English.

1. How much luggage does María have?
2. Why is one suitcase heavy?
3. When will María see her father again?

LISTENING
COMPREHENSION
5

Listen to the following account and then answer the questions in English.

1. Where was Gabriel going?
2. How did he travel?
3. Who did he meet that same day?
4. How did he amuse himself during the journey?

LISTENING
COMPREHENSION
6

Listen to this conversation carefully, then answer the following questions in English.

1. Why does the woman not want a drink?
2. Why doesn't she accompany her husband?
3. What does the woman ask her husband to do?

LISTENING
COMPREHENSION
7

Listen to this story and then answer the questions in English.

1. When did the speaker return from holiday?
2. Where had he been?
3. What was the weather like in England?
4. Describe the taxi driver.
5. What did the speaker do to wake his parents?
6. Who opened the door?
7. What happened next?

At the garage

Lea cuidadosamente la siguiente situación y complétela escogiendo las opciones que más convengan para formar una historia coherente.

Un hombre va al garaje pues quiere una revisión general de su coche antes de salir de viaje para Barcelona. Dice al mecánico:

1. La semana pasada fui a Barcelona.
2. Está un poco largo de frenos, revíselos por favor.
3. Verifique si las luces traseras funcionan bien.
4. Hay muchos accidentes en la autopista.
5. En seguida quiero que le compruebe el aceite.
6. ¿La estación del tren está cerca?
7. ¿Podría revisar las bujías?
8. Mire además si el radiador tiene agua.
9. Espero que tenga buen viaje.
10. ¿Cuánto es?

José es mecánico. Trabaja en un taller donde repara coches. José vive cerca del trabajo y tiene una habitación en el segundo piso del edificio. Tiene diecinueve años. Sus padres viven en Barcelona.

Al entrar en el taller a las nueve, José lee las instrucciones en la oficina. El director escribe estas instrucciones en un libro. A la una y media José va al bar que está muy cerca. Come allí. Si hace calor bebe dos o tres cervezas.

Si hace mal tiempo hay más accidentes en la carretera. Hoy José tiene que reparar un 'Seat'. Este coche es muy viejo y no anda bien. Hay tres mecánicos en este taller; José, Manuel y Carlos. Mientras trabajan, cantan y charlan.

Answer in Spanish.

1. ¿Dónde trabaja José?
2. ¿A qué hora llega al taller?
3. ¿En qué piso vive José?
4. ¿Adónde va José a la una y media?
5. ¿Qué bebe José si hace calor?
6. ¿Dónde escribe el director sus instrucciones?
7. ¿Cuándo hay muchos accidentes?
8. ¿Cómo es el Seat que José repara?
9. ¿Cuántos mecánicos trabajan en el taller?
10. ¿Qué hacen mientras trabajan?

LISTENING
COMPREHENSION
1

Listen carefully to the conversation and then answer the following questions in English.

1. How many litres of petrol does the client require?
2. What other two things does he require for the car?
3. What three articles does the client wish to buy from the shop?
4. Are these available?
5. How much does the client have to pay?

LISTENING
COMPREHENSION
2

Listen carefully to the conversation and then answer the following questions in English.

1. Whom does the man phone?
2. What is wrong with the man's car?
3. Why does the man need the car repaired straight away?
4. Where is the man now?
5. What kind of car is it?
6. Why can't the garage do the repairs?

LISTENING
COMPREHENSION
3

You are now going to hear five different statements or questions. Listen carefully to each and then choose the most appropriate from the options given.

1. a) Aquí no vendemos coches ingleses.
   b) Lo siento, se nos agotaron.
   c) Hay gran demanda de coches ingleses en América.
   d) ¿Cuánto le debo?

2. a) Son ochenta pesetas.
   b) ¿Prefiere una botella o un litro?
   c) El encendido no funciona bien.
   d) ¿Super o normal, señor?

3. a) Sí señor, necesita un litro.
   b) El radiador tiene suficiente agua.
   c) No, hoy no llevo aceite.
   d) Sí, debes freír las patatas con aceite.

4. a) No importa.
   b) Voy a buscar al mecánico.
   c) ¿Adónde va usted, señor?
   d) Mejor no usarlos.

5. a) Está en buen estado.
   b) No, la llanta está pinchada.
   c) Sí, es un coche muy costoso.
   d) ¿Con agua y jabón?

LISTENING
COMPREHENSION
4

Listen to the conversation, then from the options provided complete the following statements.

1. The speakers are
   a) in a car park.
   b) in a shop.
   c) in a garage.
   d) in a supermarket.

2. The customer wants
   a) just petrol.
   b) his car to be repaired.
   c) one hundred pesetas.
   d) some petrol and his oil checked.

LISTENING
COMPREHENSION
5

Listen to this conversation, then answer the questions in English.

1. What does the woman wish to do?
2. Whom is she going to visit and where?
3. When will she return?

Holidays

En una agencia de viajes

—Buenas tardes, quisiera reservar unas vacaciones en la sierra.

—Sí, ¿para cuándo y para cuántas personas?

—Para julio y somos dos: mi mujer y yo.

—Un momento, voy a ver. Sí, ¿dónde prefieren ustedes estar: en un hotel de lujo o en un hotel más pequeño y familiar?

—No nos gustan nada esos hoteles tan grandes donde hay mucha gente. Preferimos algo más sencillo y más típico de la España auténtica.

—Pues, hay una fonda muy buena en el pequeño pueblo de Ossor. Según nuestros clientes la comida es estupenda y las habitaciones son cómodas. ¿Qué le parece?

—Dígame, ¿cómo es Ossor?

—Es un pueblecito muy pintoresco. Durante los meses de verano siempre hace fresco y todo el mundo lo pasa bien allí, lejos de los extranjeros que invaden nuestras costas.

—Creo que nos gustará. ¿Quiere reservarnos una habitación doble para la primera quincena de julio?

—¿Quieren pensión completa?

—Media pensión: el desayuno y la cena.

—Bien. ¿De parte de quién?

—Alén, Javier y Cristina Alén.

—Gracias. En dos días ya estará su reserva.

—Gracias, adiós.

1. At what time of day does this conversation take place?
2. What is the travel clerk's first question?
3. Why does the man not like large hotels?
4. Why is the small hotel good?
5. What does the man ask the travel clerk about Ossor?
6. What does the travel clerk tell him about the weather there?
7. Mention two points about the man's requirements at the hotel.
8. What does the travel clerk finally ask the man to do?

Read the conversation carefully and then answer the questions that follow in Spanish.

El señor y la señora Gómez están planeando sus vacaciones. Esta vez desean ir un poco más lejos, a Sudamérica.
—Hay dos excursiones a Sudamérica. Así que debemos decidir cuál de las dos vamos a tomar.
—¿Cuáles son los lugares que propone este año la agencia de viajes? pregunta la señora Gómez a su marido.
—El primero es una visita a la selva amazónica. La información dice: 'Espectacular recorrido por el río Amazonas, desde donde se puede apreciar la majestuosidad de la selva con sus plantas salvajes y su abundante fauna: tigres, jaguares, aves multicolores etc. Deportes como la pesca y la navegación. Visita a algunos pueblos indígenas y a dos atractivas ciudades en el corazón de la selva: Leticia en Colombia y Manaos en Brasil.'
—Me parece muy interesante, y ¿cuál es el otro lugar?
—Una visita a la Pampa argentina – 'El Paraíso encontrado se llama la Pampa. Descubra lo exótico, lo fascinante de la Pampa. Paseos a caballo, lujosos hoteles, deportes al aire libre, piscinas, clima agradable. Recorrido desde el norte de la Pampa hasta la Patagonia.'
—Bueno, y ahora veamos los precios. . . .

1. ¿Cuántas excursiones tiene la agencia de viajes para Sudamérica?
2. ¿Cuáles son los dos lugares que propone la agencia de viajes?
3. ¿Qué se puede apreciar desde el recorrido por el río Amazonas?
4. ¿En que país se encuentra Leticia? ¿y Manaos?
5. ¿Qué actividades propone la agencia de viajes en la Pampa argentina?
6. ¿Qué otro lugar de Argentina se visitará en el trayecto?

Todo para pasarlo bien

Ofertas especiales

1. Un regalo para todas aquellas parejas que estén en luna de miel, o que durante su estancia celebren su cumpleaños o aniversario de boda de plata u oro.
2. Una cena de gala (con vino, café, champán español y licor incluído) para clientes en media pensión con estancia mínima de siete noches.

Read the two travel advertisements and then answer the questions in English.

1. Name three celebrations which would entitle you to a present.
2. What entitles you to a free Gala Supper?

Listen to this conversation, then answer the questions in English.

1. What does the price for the excursion to Madrid include?
2. How long is the visit to Madrid and Toledo?
3. How much is this holiday per person?
4. Why did this client decide to book the places on offer immediately?

Listen to the conversation, then, from the options provided, say who the speakers are, where they are, and what they are doing.

1. Estas personas son
   a) un cliente y un vendedor.
   b) una madre y su hija.
   c) una profesora y su alumna.
   d) dos amigas.
2. Ellas están
   a) en la playa.
   b) en la habitación de un hotel.
   c) cerca de una piscina.
   d) en el Hotel Sol.
3. Ellas
   a) se bañan.
   b) hablan de sus planes para la tarde.
   c) están almorzando.
   d) están comprando un libro.

Visiting Spain

Read the passage carefully and say whether the statements which follow are true or false.

España es el país europeo preferido por los turistas por muchas razones: el sol, el mar, las montañas, sus gentes, su comida, su vino, sus compras, sus lugares históricos y sus pintorescos paisajes. Hay varios métodos de venir a España – en coche, autocar, o tren desde Francia o Portugal, por ejemplo. Es un viaje muy agradable, pues se puede apreciar de cerca la belleza de sus paisajes. No muchos turistas vienen a España por mar, excepto hasta el extremo sur desde el norte de Africa. Es una travesía bastante corta y agradable. La mayoría de los visitantes vienen a España por avión. La principal compañia aérea es Iberia que tiene aeropuertos internacionales como Barajas en Madrid y Prat de Llobregat en Barcelona. Pero cualquiera que sea el medio de transporte utilizado para venir a España, el viaje será siempre agradable.

1. España es un país visitado por muchos turistas.
2. Los turistas prefieren España por el sol, el mar, la comida, entre otros.
3. No hay forma de viajar desde Portugal hasta España.
4. Se puede venir desde Francia hasta España en coche, autocar, tren o avión.
5. Todos los turistas vienen a España por avión.
6. Iberia es una compañia aérea sudamericana.
7. Barajas es el único aeropuerto internacional de España.

Era un día de fiesta en el pueblo de San Juan y desde muy temprano se oían voces y música. Toda la gente llevaba el traje típico de la región. Es decir, los hombres iban vestidos con camisa y pantalón blanco y las mujeres con falda negra o roja y blusa bordada de flores.

Para una periodista joven era una ocasión de gran importancia. Por primera vez María Trueba tenía que hacer sola un reportaje con fotos sobre las festividades que iba a observar.

A eso de las once, después de una procesión desde la iglesia, la orquesta municipal empezó a tocar unos aires alegres y muchas personas bailaban y cantaban en medio de la plaza mayor. Mientras tanto, María escribía rápidamente, luego sacaba fotos interesantes o divertidas.

Después de un rato, como se sentía bastante cansada por su trabajo, fué a descansar en un café. Pero en el camino, oyó una explosión más fuerte que las que habían sonado durante todo el día. Por eso fue a ver lo que pasaba.

Al doblar la esquina, detrás del banco, vio a dos hombres que estaban poniendo unos sacos pesados en la maleta de un coche de marca francesa. Los ladrones fueron detenidos una hora más tarde.

1. What could be heard from very early in the day?
2. What were the men wearing?
3. What was the women's traditional costume?
4. Why was the occasion important for María?
5. What took place just before 11 o'clock?
6. What were people doing in the square?
7. What was María doing while this was happening?
8. What did she decide to do when she felt tired?
9. What caused her to change direction?
10. What did she see two men doing when she turned the corner?

READING COMPREHENSION 3

La sardana

Este es el baile típico de Cataluña. Se baila en las plazas. Se danza en círculos, uno dentro del otro y el círculo puede ser tan grande o pequeño como se desee. El círculo va primero a la derecha y luego a la izquierda. Una banda acompaña el baile. Es una 'cobla' compuesta de trompetas, clarinetes etc. Es un baile amistoso y social. Hay una leyenda que dice que dos extranjeros llegaron a Cataluña un día con la idea de iniciar unos negocios. Estaban mirando la sardana y uno dijo al otro – 'La gente baila al mismo tiempo que discute sus negocios con sus vecinos, son muy buenos comerciantes; mejor busquemos trabajo en otra región.' Pero ellos no sabían que lo que realmente hacían los catalanes era contar el número de pasos de su baile.

Read this section and answer the questions in English.

1. What is the 'sardana'?
2. When you begin the 'sardana', in which direction do you go first?
3. Which instruments make up a 'cobla'? Mention two.
4. There is a story that says that when two foreigners saw the 'sardana' they were very impressed. Why?

Listen carefully to the following description, then answer the questions in English.

1. Who is the patron saint of Cataluña?
2. When is the date of this saint's festival?
3. What two things are given on this day to a loved one?
4. What do you see on the pavements of Barcelona?

Listen to the following dialogue and then answer the questions in English.

1. Did José enjoy himself in Santiago?
2. What was he doing there?
3. From which other Spanish towns did some of the other boys come? Name two.
4. What did José do to the bride of one of the Tuna singers?
5. What was the bride's reaction?

Listen to the conversation, and then complete the following statements by choosing one of the options provided.

1. Enrique no quiere viajar en tren porque
   a) es más rápido viajar en coche.
   b) es un viaje muy largo y agotador.
   c) es muy costoso.
   d) prefiere viajar en barco.

2. Mariana no quiere alquilar un apartamento durante las vacaciones porque
   a) no hay apartamento en esta época del año.
   b) le encanta cocinar.
   c) en los hoteles el servicio es muy bueno.
   d) no quiere pasar sus vacaciones cocinando.

3. Mariana quiere ir de vacaciones a la playa porque
   a) no le gusta esquiar.
   b) hace mucho calor.
   c) prefiere el sol.
   d) no quiere quedarse en casa.

UNIT 19   At the bank

—Perdone, señorita, ¿se puede cambiar dinero aquí?
—Sí señor, en esa caja.
—¿Qué quiere usted?
—¿Cambian cheques de viaje?
—Sí señor. ¿Tiene usted su pasaporte?
—Aquí lo tiene. Quiero cambiar un cheque de viaje y también estas libras esterlinas en pesetas.
—Muy bien. Firme aquí, por favor . . . . Ahora vaya a esa caja. Presente el papelito.
—Gracias.

Read the dialogue and then answer the questions in English.

1. What does the man want to change?
2. What was the man asked to do after he had signed?

El depósito nocturno

¿Qué ventajas ofrece?

Tranquilidad: por el hecho de haber dejado custodiado su
    dinero en lugar seguro.
Comodidad: no necesita depender del horario de apertura del
    banco.
Sencillez de manejo: muy fácilmente, con una simple llave,
    realiza la operación en escasos segundos.
Gratuidad: este servicio se presta sin coste alguno para
    nuestros clientes.

*The four reasons for putting valuables into a night safe are explained
under each of the subtitles. Explain fully what these are.*

Look at the advertisement, then give three advantages for having a
Visa card – refer only to the information given.

Listen to the conversation and then answer the following questions in
English.

1. What must the client do in order to open the bank
   account?
2. What does she show as proof of her identity?
3. How much money does she intend to put in the bank in
   order to open this account?
4. What does the bank clerk tell her to do finally?

*Listen carefully to the conversation, then select the most appropriate
option to complete the statement given.*

1. Sólo se cambian cheques de viaje
   a) al final del pasillo.
   b) en la agencia de viajes.
   c) en la ventanilla número cinco.
   d) en la ventanilla doce.

2. El cliente debe
   a) rellenar el impreso pero no firmarlo.
   b) sólo firmar el impreso.
   c) ir a la ventanilla cinco para cambiar el dinero.
   d) rellenar el impreso y firmarlo.

*You will now hear five different questions. Choose the most
appropriate answer to each from the options given.*

1. a) Me llamo José García.
   b) No, no tengo cambio.
   c) Firme aquí, por favor.
   d) Sí, tengo mi pasaporte.

2. a) Eso vale mil pesetas.
   b) Quinientas libras esterlinas, por favor.
   c) No, no tengo cambio.
   d) Déme dos cheques de viaje, por favor.

3. a) ¿Pongo mi apellido de casada o de soltera?
   b) No, no quiero gracias.
   c) Claro, quiero un poco más.
   d) Rellene esta ficha también.

4. a) ¿Es muy costoso?
   b) Aquí, a la derecha, está el banco.
   c) La cajera lo puede atender, señor.
   d) Billetes de quinientas pesetas, por favor.

5. a) Ponga esta caja sobre la mesa.
   b) Cámbieme este cheque, por favor.
   c) Sí, al final del pasillo.
   d) Está entre aquellos libros.

Hotels and paradors

*Read this passage carefully and look at the information given about
the various hotels, then answer in English the questions that follow.*

Usted desea ir de vacaciones con su mujer, sus dos hijos, un
chico de doce y una chica de trece años y con su perro. A
usted le gusta más la montaña que la playa y prefiere los
hoteles pequeños. Además, su mujer tuvo un accidente
cuando practicaba el esquí y no puede caminar por mucho
tiempo; por lo tanto prefiere tomar las comidas en el hotel. A
los chicos les gusta muchísimo el deporte – sobre todo, la
natación y el tenis; usted y su mujer, por el contrario,
prefieren ver los deportes en la televisión.

Hotel Hilton, situado en Boca Grande, una de las playas más
    hermosas de Cartagena. Cien habitaciones, televisión,
    restaurante y sitio especial para su animal doméstico.
Hotel Continental, con vista al mar. Veinte habitaciones con
    televisión, piscina, pistas de tenis, bar, restaurante.
    Ambiente familiar. Se admiten animales.
Hotel Tarona, su mejor hotel. Con veintidós habitaciones,
    vestíbulo con televisón, piscina, visitas a la Sierra Nevada
    de Santa Marta.
Hotel Catalina, en el corazón de los Andes. Con cincuenta
    habitaciones, televisión, pistas de tenis. Deportes de
    invierno. No se admiten animales.

1. What reasons might you have for not going to the Hotel
   Catalina?
2. What would your children like at the Hotel Continental?
3. Does the Hotel Tarona have the smallest number of
   rooms?
4. Why choose the Hotel Continental rather than the Hotel
   Tarona?
5. What are the advantages of the Hotel Hilton?

Los paradores

El Parador Nacional es un hotel del gobierno que da el mejor
ejemplo de la hospitalidad española. El gobierno ha
construído paradores en los sitios más pintorescos e
interesantes del país. A veces se trata de un edificio nuevo de
arquitectura moderna y a veces es un castillo o casa antigua
que se conserva con los muebles y estilo de la época. Son
hoteles de primera categoría que dan el mejor servicio para
impresionar a sus clientes.

El nombre 'parador' viene del árabe 'waradah' que significa un sitio para pararse.

Read this description carefully and answer the questions in English.

1. Where does the word 'parador' come from?
2. Who controls these hotels?
3. Where in Spain will you find them?
4. What types of buildings are used?

Hotel de cinco estrellas, Lujo, totalmente climatizado, situado en el Paseo de la Castellana, en la zona residencial de Madrid, a escasos minutos de los grandes centros comerciales y oficiales, díez de la nueva Estación de Ferrocarril y veinte del Aeropuerto Internacional.

Ofrece a su distinguida clientela 200 habitaciones, de las cuales 14 Suites, todas equipadas con doble acristalamiento en ventanas, teléfono directo automático, televisión color, y tres canales de radio.

El Hotel dispone de Sauna, Peluquería de caballeros, Salón de Belleza, Drugstore, Tienda de Regalos, Joyería, Avis Rent a car y Garaje.

Hotel
LUZ PALACIO

Paseo de la Castellana,(67) 57 *antiguo*
MADRID~1
Teléfono (91) 442 51 00
Telegramas LUZHOTEL MADRID
Télex: 27207 LUZ~E

Look at the advertisement and explain what the rooms are like.

Listen to the conversation and then answer the questions in English.

1. What is the name of the gentleman booking the room?
2. When does he want the room?
3. What kind of room is he offered?
4. Whereabouts in the hotel is this room?
5. How much does it cost?
6. What else is special about the room?
7. What suggests that the client hasn't listened carefully?

Listen to the conversation, then complete the statements.

1. Clarita se hospedó en
   a) un hotel cerca de la plaza del pueblo.
   b) una pensión con terraza con vistas a la plaza.
   c) una habitación sin terraza.
   d) un hotel cerca de la playa.

2. Según Clarita la comida era
   a) normal y corriente.
   b) muy condimentada.
   c) malísima.
   d) preparada por la dueña del hotel.

You will hear four different statements or questions. Listen carefully to each and choose the most appropriate response.

1. a) Prefiero una con televisor y teléfono.
   b) Es para una persona por dos noches.
   c) Sí, por favor. ¿Tienen agua caliente?
   d) No, tomé un baño ayer tarde.

2. a) ¿Prefiere las sábanas rosadas o azules?
   b) Lo siento, las cambiaré en seguida.
   c) No señora, lo siento.
   d) Las sábanas cuestan doscientas pesetas.

3. a) Soy inglés.
   b) No sé leer muy bien.
   c) Tenga mi billete de avión.
   d) No lo tengo, ¿le sirve el pasaporte?

4. a) Muy bien, ¿y se puede comer aquí?
   b) No sé si el teléfono funciona.
   c) He perdido la llave.
   d) Las habitaciones están en el quinto piso.

The camp site

Read the two conversations and then choose the most appropriate response to the question given at the end of each conversation.

1. —María, trae más leña para encender la hoguera.
   —Aquí tienes Javier. ¿Qué más necesitas?
   a) una bombilla
   b) unas pilas
   c) una linterna
   d) una vela y unas cerillas

2. —No olvides echar unas sábanas y unas toallas en la maleta.
   —Sí, ¿crees que necesitaremos sacos de dormir?
   a) Si, en la montaña hace mucho frío de noche.
   b) No, estos sacos los compré el año pasado.
   c) No es necesario llevar toallas.
   d) Sí, es buena idea ir de camping.

Además existen ciento veintiséis campings, con cuarenta y ocho mil quinientas treinta plazas a lo largo de toda la Comunidad Valenciana. De ellos, cuarenta y uno son de primera categoría y tienen instalaciones como piscinas, pistas de tenis, agua caliente, supermercado, restaurante . . . Los otros campings tienen también instalaciones muy adecuadas.

Read the passage and answer the questions in English.

1. How many campers can be accommodated?
2. What area is being discussed?
3. How many first-class camp sites are there?
4. Mention four of the facilities in a first-class camp site.

Read the following dialogue and then answer the questions.

EL ENCARGADO:	Buenos días.
ENRIQUE:	Buenos días. ¿Tienen un espacio libre?
EL ENCARGADO:	¿Es una caravana?
ENRIQUE:	Sí, y mis amigos tienen una tienda.
EL ENCARGADO:	Tienen suerte. Me queda un pequeño espacio cerca de las duchas y otro cerca de la piscina. ¿Cuántos son?
ENRIQUE:	Somos nueve en total.
EL ENCARGADO:	Muy bien, vengan por aquí.

1. Describe where the two available spaces are on this camp site.
2. What did the owner mean when he said, 'Tienen suerte'?

Listen to the following conversation and then answer the questions in English.

1. What requirements does the camper have?
2. How many campers are in his group?
3. What site is he given for his tent?
4. Where are the toilets?
5. How long does the bar stay open?

Listen carefully to the following passage and then answer the questions in English.

1. Why do these young people decide to go camping instead of booking in at a hotel?
2. When do they decide to go to Spain?
3. What kind of vehicle do they have in order to get to Spain?
4. Name five things they load into this vehicle.
5. What do they carry with them in case of illness?

Weather

El viento que llega de los Pirineos es realmente interesante. Se llama 'Tramontana' y sopla tanto en verano como en invierno. Es un viento frío que puede soplar por dos horas o dos semanas. La gente dice que si empieza el jueves, continuará ocho días por lo menos.

Read this short extract and answer the questions in English.

1. Explain the meaning of the word 'Tramontana' – what is it exactly?
2. What story do the local people tell about the 'Tramontana'?

Valencia – clima

Cálido durante prácticamente todo el año a lo largo de la costa, con pequeñas variaciones locales. El invierno es desconocido en las comarcas litorales del sur y de muy corta duración (enero y febrero) en el norte y centro. El ochenta a noventa por ciento de los días son despejados o con escasa nubosidad. La ropa apropiada en estas zonas es ligera (muy ligera en verano) y no son necesarios los abrigos ni impermeables.

Read the passage and then answer the questions in English.

1. What kind of winter does the southern coast of this province have?
2. Which are the colder months in the north of the province?
3. What percentage of the days per year are cloudy?
4. What sort of clothing do you need in this region?
5. What articles of clothing (name two) are not necessary?

Castilla y León

Muy nuboso o cubierto con chubascos, en general débiles, que serán de nieve por encima de los 900 metros en la cordillera cantabro-leonesa, y de 1.200 metros en los sistemas Central e Ibérico. Vientos moderados, predominando el noroeste. Ligero descenso de las temperaturas.

Read the weather forecast and answer the questions in English.

1. Give a general description of the weather forecast (in one word if possible).
2. Will there be any snow in the León region?
3. Describe the direction of the wind.
4. Comment on the temperature.

Listen carefully to this weather forecast and then answer the following questions in English.

1. What information are you given about the temperature that you can expect today?
2. What was the maximum temperature in Alicante yesterday?
3. Will there be a lot of clouds?
4. What will the wind be like?
5. What information is given about the sea?
6. For how long is this forecast?
7. From where does this forecast originate?

Listen to the conversations and then choose the most appropriate response from the options given.

1. ¿Por qué Ana no podrá tomar fotos mañana?
   a) Porque su cámara no funciona.
   b) Porque hará mucho sol.
   c) Porque hará mal tiempo.
   d) Porque no tiene tiempo.

2. ¿Qué tiempo hace según estas dos personas?
   a) Hace demasiado sol.
   b) Hace una temperatura de 25 grados bajo cero.
   c) Está nublado y hace mucho viento.
   d) El tiempo es muy agradable.

Accidents

Aquí tenemos algunos consejos que le ayudarán a evitar accidentes. Responda en español a la pregunta que sigue a cada sugerencia.

1. Si va conduciendo no olvide usar el cinturón de seguridad. Cuando se viaja en avión, ¿cuándo se aconseja utilizar el cinturón de seguridad?
2. En el mar, en el río, en la piscina: no se bañe nunca solo. ¿Qué riesgos se corren?
3. No fume nunca en la cama. Menos a la hora de acostarse. ¿Qué accidente podría causar?
4. Motociclistas: el casco es su única protección. ¿Para qué sirve el casco?
5. A pie en la carretera, de día y de noche, camine por la izquierda. Recuerde que en España se conduce a la derecha. ¿Por qué es útil este consejo?
6. Siempre que salga de viaje avise a alguna persona conocida sobre su itinerario. ¿Por qué?
7. No deje nunca a los niños solos en casa. Deben estar siempre al cuidado de una persona mayor. ¿Qué riesgos corren unos niños solos?
8. No deje nunca drogas, insecticidas etc, al alcance de los niños. ¿Por qué?

Carta a un periódico

Señor Director:

Después de cualquier accidente en los Pirineos, leemos muchos comentarios acerca de los peligros del montañismo y, en general, de todos los deportes de nieve. Todo el mundo habla de imprudencias que es necesario evitar a toda costa y de organizar medios de socorro más eficaces.

Pero, ¿qué vamos a decir de un accidente que resultó no del frío ni del viento de las montañas, sino de un defecto mecánico en una de las cabinas de un teleférico muy popular – defecto debido a un descuido de uno de los empleados?

Los que utilizamos este teleférico con frecuencia, para esquiar en la montaña del Puig d'Alp, nos hemos dado cuenta de que no se presta la debida atención a la conservación de las cabinas, pues denotan una gran negligencia, sin pintar y con sus cristales rotos, y con numerosos agujeros en las paredes. Esto demuestra que las personas responsables del teleférico no han prestado la debida atención a la conservación y reparación de las cabinas y todo el mecanismo del transporte.

Si las cabinas que están al alcance de la mano de cualquier empleado, demuestran este estado de abandono al comienzo de la temporada, ¿cómo estarán las partes del mecanismo que son de acceso más difícil?

Este descuido por parte de los dueños del teleférico representa un escándalo público y, por medio de sus páginas, señor Director, espero indicar a las autoridades competentes cómo deben velar por la seguridad de los miembros del público que utilizamos estos servicios.

Atentamente,

Antonio Ferrer

1. ¿Qué lee Ferrer en los periódicos?
   a) Que hay pocos accidentes en los Pirineos.
   b) Que el montañismo es un deporte peligroso.
   c) Que los que compran periódicos son imprudentes.
   d) Que hay muchos deportes en los Pirineos.

2. ¿Qué dice todo el mundo cuando habla de los accidentes?
   a) Que los medios de socorro son excelentes.
   b) Que los medios de socorro deben mejorarse.
   c) Que los que compran periódicos son imprudentes.
   d) Que los medios de socorro son imprudentes.

3. Según Ferrer, ¿cómo son los empleados del teleférico?
   a) Perezosos.
   b) Diligentes.
   c) Mecánicos.
   d) Populares.

4. ¿Por qué utiliza mucha gente el teleférico?
   a) Porque les gustan los deportes de verano.
   b) Porque viven lejos de las montañas.
   c) Porque les gustan los deportes de nieve.
   d) Porque viven en Puig d'Alp.

5. Según Ferrer, ¿qué muestra la condición de las cabinas?
   a) Que las autoridades son competentes.
   b) Que los viajeros deben repararlas.
   c) Que los dueños no las reparan.
   d) Que los viajeros deben pintarlas.

6. Según Ferrer, ¿cómo son los dueños del teleférico?
   a) Cuidadosos.
   b) Representativos.
   c) Competentes.
   d) Negligentes.

7. ¿Qué resultado espera Ferrer de su carta?
   a) Que el público utilice el teleférico con más frecuencia.
   b) Que el teleférico sea más seguro para todos.
   c) Que las autoridades lo descuiden todo.
   d) Que el director utilice los servicios del teleférico.

LISTENING COMPREHENSION 1

Listen carefully to this extract and then answer the following questions in English.

1. Where exactly did the accident happen?
2. Describe the driver of the car.
3. What happened to the car driver?

LISTENING COMPREHENSION 2

Listen to the conversation and then answer the three questions by choosing the most appropriate option.

1. ¿Qué le pasó a una de las personas?
   a) Tuvo un accidente y no puede andar bien aún.
   b) Tuvo un ataque cardíaco.
   c) Tuvo un accidente pero ya está muy bien.
   d) No pudo viajar a España.

2. ¿Cuánto tiempo tardará en estar completamente sano?
   a) Muy pronto.
   b) Seis semanas.
   c) Este sábado.
   d) Mucho tiempo.

3. ¿Cuándo volverá a Inglaterra?
   a) El próximo sábado.
   b) Dentro de seis semanas.
   c) Hoy mismo.
   d) Dentro de una semana.

LISTENING COMPREHENSION 3

Listen to this dialogue, then answer the questions in English.

1. Why are the customers surprised at being asked to leave the store?
2. What are the reasons for this request?
3. What are they asked not to do?

Listen to the conversation, then from the options provided, complete the statements.

1. Uno de los conductores venía conduciendo
   a) a más de cien millas por hora.
   b) lentamente.
   c) una motocicleta.
   d) a más de cien kilómetros por hora.

2. Los dos conductores están discutiendo acerca de
   a) los problemas del conducir muy rápidamente.
   b) los problemas al conducir en estado de embriaguez.
   c) el accidente que tuvieron.
   d) los accidentes en la ruta nacional.

3. Los conductores deciden ir
   a) al garaje a reparar sus coches.
   b) a la comisaría.
   c) a la ruta nacional.
   d) a la autopista.

Listen to the following account and then answer the questions in English.

1. How fast was the approaching car going before it crashed?
2. What did the speaker's father do then?
3. What did they hear coming from the damaged car?
4. Who was at the wheel of the crashed car?
5. Who else was in the car?
6. Why did they pull the two injured persons from the car as quickly as possible?
7. Where did they put these two persons?
8. What did the speaker's mother do next?
9. How long did it take the ambulance to get there?
10. What did the speaker and her family have to do before continuing on their way?

Lost property

En la comisaría de policía

Read the following dialogue and then answer the question below.

EL AGENTE: Buenos días. ¿Ha perdido alguna cosa?
EL TURISTA: Sí. He perdido mi cámara fotográfica.
EL AGENTE: ¿Cuándo la ha perdido?
El TURISTA: La he perdido esta mañana.
El AGENTE: ¿Dónde la ha dejado?
El TURISTA: No sé. Quizás en el castillo.

Imagine that you were the policeman. What note would you put against each heading?

1. Lost object _____?
2. Time of loss _____?
3. Possible place where lost _____?

Look at the insurance policy opposite and answer the following questions in English.

1. Does this insurance policy cover you for loss of property?
2. To prevent your possessions from being stolen, what advice are you given?
3. To prevent personal accidents, what advice are you given?
4. In case of fire, what advantages can you get from this insurance policy?

Listen to this conversation and answer the following questions in English.

1. Where has this man lost both his wallet and passport?
2. When did he last have them?
3. Describe the wallet.
4. How much money was inside the wallet?
5. What was the man's answer when he was asked if he had any more money?
6. Where did he say he was staying?
7. How long is he going to be there?

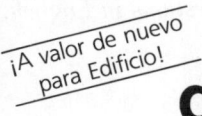

Coberturas
del seguro "familiar"

¡A valor de nuevo para Edificio!

¡sin franquicia!

Robo
- Atraco.
- Hurto.
- Daños materiales como consecuencia del robo o su tentativa.
- Cobertura de efectivo, joyas y alhajas (garantía opcional).

Consejos
- No abra la puerta a desconocidos. Utilice la mirilla. Identifique al que llama.
- Use permanentemente la cadena de seguridad.
- Instale caja fuerte de seguridad para custodiar adecuadamente los objetos de fácil sustracción (joyas, alhajas, efectivo, etc.).
- Si su vivienda dispone de fáciles accesos por ventanas, patios o terrazas, proteja éstos adecuadamente.

Incendio-Explosión
- Daños accidentales por humo.
- Asistencia de Bomberos.
- Alquiler de otra vivienda.
- Gastos de salvamento y otros.
- Caída del rayo.
- Actos vandálicos.

Consejos
- Tenga precauciones con el aceite de freír.
- Evite las conexiones en enchufes múltiples.
- No deje cerillas ni encendedores al alcance de los niños.

Daños por agua
- Omisión del cierre de grifos.
- Rotura de conducciones propias o ajenas.
- Gastos de localización de la avería, fontanería y albañilería.

Consejos
- En caso de corte de suministro de agua, cierre bien los grifos.
- Desatasque los desagües a los primeros síntomas de obstrucción.
- No deje funcionando la lavadora o el lavavajillas mientras duerme o está ausente de casa.

Rotura de cristales
- Ventanas y puertas.
- Espejos adosados a la pared.
- Gastos de colocación.

Consejos
- Impida la formación de corrientes de aire. Evitará golpes y roturas.
- Proteja las ventanas que tengan fácil acceso desde el exterior.
- Cuide la correcta fijación de los cristales en sus marcos.

(Garantía opcional)
Accidentes personales
- Para el asegurado:
- Fallecimiento accidental.
- Invalidez permanente.
- Cobertura mundial, las 24 horas del día.

Consejos
- No deje al alcance de los niños objetos punzantes ni medicamentos.
- Proteja la instalación eléctrica convenientemente.
- Instale superficies antideslizantes en sus cuartos de baño.

Responsabilidad civil
- Daños a terceros, incluso vecinos por:
- Agua derramada, incendio y explosión.
- Caída de objetos.
- Posesión de animales domésticos.
- Práctica de deportes como aficionado.
- Cualquier otra responsabilidad como cabeza de familia.

Consejos
- Cuando se ausente de su vivienda, cierre el paso de agua y gas y corte la energía eléctrica.
- Evite la caída de objetos a la calle. Pueden provocar accidentes graves.

Listen to the conversation and then answer the questions in English.

1. What has the man lost?
2. Where did he leave them?
3. When will the waiter be on duty again?
4. Why is this man so anxious to find his lost property?

Listen to the following conversation and then answer the questions in English.

1. Where was the woman when she realized she had lost her purse?
2. How much money did it contain?
3. What did the purse look like?
4. Apart from the money, what else was in this purse?

Listen to the passage, and from the options provided complete the following statements.

1. El anuncio se publica en
   a) una revista.
   b) un libro.
   c) la pizarra de un colegio.
   d) un periódico.

2. Según el anuncio
   a) se busca un taxi de la empresa Castromil.
   b) el señor Ortega perdió su maletín.
   c) el señor Ortega venía de Vigo.
   d) el señor Ortega vende un maletín negro.

3. Según el anuncio el maletín
   a) contenía documentos importantes.
   b) era negro y contenía mucho dinero.
   c) alguien lo encontró en un taxi afiliado a la empresa Castromil.
   d) se extravió en una oficina.

Work and professions/future plans

Read each passage, then answer in Spanish the questions that follow.

Doña Josefina pasa casi todo el tiempo en casa. Prepara la comida, arregla la casa, atiende a su marido y a sus hijos. Cuida de que nada les falte y de que haya armonía en su hogar.

Don Roberto tiene una ocupación muy difícil porque tiene que trabajar en las minas desde muy temprano hasta entrada la noche y además, el salario no compensa su esfuerzo. Extrae carbón, uno de los principales recursos del país.

José trabaja en el campo. No es dueño de la tierra que cultiva. Su propietario es un rico terrateniente que vive en la ciudad.

Don Alonso posee una mini industria. El, en compañía de sus hijos, se dedica a la alfarería. Fabrica bellas vasijas de barro hechas a mano y decoradas generalmente con diseños árabes.

Según la siguiente lista de oficios, diga cual corresponde a cada una de las personas descritas.

A. 1. campesino
    2. artesano
    3. ama de casa
    4. minero

B. *Responda en español a las siguientes preguntas:*

    1. ¿Cuál es la ocupación de un ama de casa?
    2. ¿Qué hace un minero?
    3. ¿A qué se dedica un campesino?
    4. ¿Qué hace un artesano?

Rosita salió del colegio y volvió a casa muy de prisa. Quería repasar la lección de francés antes de la tarde. Al llegar a la esquina vio a su hermano Pepe que charlaba con un grupo de compañeros delante de la librería. Jorge Rivas estaba allí también, pero no la miró.

Entró en el piso y gritó, – ¡Hola, mamá!

—¡Qué bien que ya estás aquí! Ya está lista la comida. Tu hermano no ha llegado todavía. Yo no sé por qué tarda tanto después de clase. Entraron en el comedor. Mientras su madre ponía los platos en la mesa, empezó a contarle a Rosita lo que había oído en la pescadería aquella mañana, pero Rosita no escuchaba. Sacó el libro de francés de la cartera y se sentó a la mesa con el libro abierto por la lección que tenía que aprender.

Ricardo llegó, se sentó a su lado y empezó a describir una pelea que tuvo lugar durante el recreo, y la madre siguió hablando de lo que dijeron las vecinas en la pescadería.

Empezaron a comer y mientras comía, Rosita repetía en silencio las palabras del libro para no oír lo que decían. Había sacado muy malas notas la semana anterior y la profesora se había enfadado.

—Oye, chica. ¿Quieres venir al cine con nosotros esta tarde? Tu novio, Jorge Rivas, viene también, – dijo Ricardo en voz alta, para ponerla en un aprieto delante de la madre, y dándole un codazo ligero al mismo tiempo.

Rosita aguzó el oído cuando oyó ese nombre, pero dijo, – Cállate, bobo. Tengo que aprender estos verbos. Tenemos el examen semanal de francés esta tarde. ¡Déjame en paz!
—Con cinco años de estudiar el francés no entiendes ni jota. ¿Qué vas a aprender en media hora?

Answer the questions in English.

1. Why did Rosita hurry home?
2. Where was her brother and what was he doing?
3. What did her mother talk about while she was setting the table?
4. What did Ricardo start talking about when he arrived?
5. What did Rosita do during the meal?
6. Why was her teacher angry?
7. How did Ricardo try to embarrass her?
8. What did he do as he spoke to her?
9. What two things did Rosita do when she heard Jorge mentioned?
10. What did Ricardo say when she told him to leave her alone?

READING COMPREHENSION
3

El paro es uno de los grandes problemas de nuestra época. Una de las principales causas del desempleo es la superpoblación, y este problema es a su vez causado por la falta de educación debido a la negligencia de muchos gobiernos cuyo único objectivo es la posesión de bienes. Es un círculo vicioso que trae como consecuencia el desempleo y con ello la pobreza y con ello la criminalidad. A pesar del progreso de la humanidad y la creación de nuevas industrias, el desempleo cada día es más notorio sobre todo debido al avance de la computadora – cerebro mecánico – que según los conocedores en la materia trabaja con más precisión, más rápidamente y requiere menos atención, servicios médicos, pensiones. Miles de empleados pierden su trabajo diariamente, pues son reemplazados por computadoras.

Answer the following questions on the reading passage.

1. What is one of the main causes of unemployment?
2. What two things does unemployment cause?
3. What very often replaces the worker?

LISTENING COMPREHENSION 1

Now you are going to hear five different questions. Listen carefully to each and then choose the most appropriate response from the options given.

1. a) Porque quiero ser abogado.
   b) Porque no tengo dinero y debo trabajar.
   c) Soy el mejor estudiante del colegio.
   d) Porque tengo los exámenes dentro de ocho días.

2. a) Quiero estudiar y ser el mejor de la clase.
   b) Ir a ver al médico.
   c) Terminar mi primer año.
   d) Buscar un empleo.

3. a) Deseo trabajar en un supermercado.
   b) Debo mirar los anuncios en el periódico.
   c) Llevo diez años trabajando para esa compañía.
   d) Quiero estudiar medicina.

4. a) Creo que sí.
   b) No importa.
   c) Me es igual.
   d) Ni hablar.

5. a) Mi madre está trabajando también.
   b) Mi padre la ayuda.
   c) Claro; voy a pagar mis gastos.
   d) Mi madre me dará el dinero.

LISTENING COMPREHENSION 2	*Listen to the conversation, then, from the four options provided, say what the speakers are doing.*

a) Reparando una máquina.
b) Discutiendo un problema de trabajo.
c) Analizando las peticiones del sindicato.
d) Ayudando a sus compañeros de trabajo.

LISTENING COMPREHENSION 3	*Listen to the conversation and then answer the questions in English.*

1. Why does the case need mending?
2. When does the owner need the case?
3. Why must he have it then?
4. Why doesn't he want to buy a new case?

LISTENING COMPREHENSION 4	*Listen carefully to the conversation and then answer the questions fully in English.*

1. What does the speaker's sister really want to study at university?
2. Why does the speaker try to make her sister think again?
3. What would the speaker like her sister to study at university and why?

LISTENING COMPREHENSION 5	*Listen carefully to the conversation and then answer the questions in English.*

1. Which university has the speaker decided to go to?
2. What is he going to study?
3. What kind of career does he want?

LISTENING COMPREHENSION 6	*Listen to this conversation and then answer the questions in English.*

1. Why does the girl decide to be a nurse rather than a doctor?
2. What other two occupations does she mention?
3. Why does Enrique want to be an engineer?